THIS BOOK IS NOT RUBBISH
Author: Isabel Thomas
Illustrator: Alex Paterson
Copyright ⓒ 2018
All rights reserved.

Korean Translation Copyright ⓒ 2019 by MUST B Publishing Group
Korean edition is published by arrangement with Hodder and Stoughton Limited
through Imprima Korea Agency

이 책의 한국어판 저작권은 Imprima Korea Agency를 통해
Hodder and Stoughton Limited와의 독점 계약으로 머스트비에 있습니다.
저작권법에 의해 한국 내에서 보호를 받는 저작물이므로
무단 전재와 무단 복제를 금합니다.

이건 쓰레기가 아니에요
플라스틱을 끊고 쓰레기를 줄이고 지구를 살리는 50가지 방법

초판 1쇄 발행 2019년 8월 30일 초판 2쇄 발행 2020년 5월 30일

글 이사벨 토마스   그림 알렉스 패터슨   옮김 황성원   펴냄 박진영
디자인 새와나무   펴낸곳 머스트비
등록 2012년 9월 6일 제406-2012-000154호
주소 경기도 파주시 심학산로 12 303호
전화 031-902-0091   팩스 031-902-0920   이메일 mustb0091@naver.com

ISBN 979-11-6034-085-3 73530

이 도서의 국립중앙도서관 출판시도서목록(CIP)은 서지정보유통지원시스템 홈페이지(http://seoji.nl.go.kr)와
국가자료공동목록시스템(http://www.nl.go.kr/kolisnet)에서 이용하실 수 있습니다.(CIP제어번호: CIP2019026663)

품명: 이건 쓰레기가 아니에요 | 제조자명: 머스트비 | 주소: 경기도 파주시 심학산로 12 303호
연락처: 031-902-0091 | 제조년월: 2019년 8월 | 제조국: 대한민국 | 사용연령: 10세 이상
취급상 주의사항 | 종이에 베이지 않도록 주의하세요. 책의 모서리가 날카로우니 던지거나 떨어뜨려 다치지 않도록 주의하세요.
KC마크는 이 제품이 공통안전기준에 적합하였음을 의미합니다.

이건 쓰레기가 아니에요

글 이사벨 토마스 · 그림 알렉스 패터슨 · 옮김 황성원

머스트비

차례

1. 채식주의자로 살기! ······················· 10

2. 물을 아끼는 설거지 법 ··················· 16

3. 목욕 금지! ······························· 22

4. 부메랑 물병 만들기 ····················· 26

5. 지구를 위한 파티 ······················· 32

6. 반짝이를 내려놓기 ····················· 36

7. 못생긴 음식을 먹기 ····················· 39

8. 지구를 살리는 간식 ····················· 42

9. 쓰레기를 보물로 바꾸기 ················· 46

10. 쓰레기 여행 계획하기 ················· 48

11. 지구의 생일을 축하해 주세요 ·················· 50

12. 빨대는 더 이상 쓰지 않겠다고 말하기 ·················· 52

13. 이 돌멩이는 쓰레기가 아니에요 ·················· 56

14. 환경 전사 되기 ·················· 59

15. 퇴비 더미 만들기 ·················· 62

16. 급하게 물 내리지 않기 ·················· 66

17. 포장지 사용을 줄여요 ·················· 70

18. 옷 바꿔 입기 파티 ·················· 72

19. 정원을 난장판이 되게 내버려 두기 ·················· 78

20. 잠자는 동안 지구를 지키기 ·················· 81

21. 숙제를 제출하지 않기 ·· 84

22. 새가 되기 ·· 89

23. 빗물 통 이용하기 ·· 92

24. 나무를 껴안는 사람이 되기 ·· 98

25. 분필 놀이 ·· 104

26. 산책할 때 비닐봉지 들고 가기 ·································· 108

27. '감사 카드는 이제 그만'이라고 말하기 ······················ 114

28. 감자칩을 더 많이 먹기! ·· 118

29. 의류 폐기물에서 면 구하기 ······································ 120

30. 고물을 핫초코와 바꿔 먹기 ······································ 125

31. 틈을 조심하기 · 129

32. 바다거북처럼 생각하기 · 132

33. 자전거(나 스케이트나 킥보드) 타고 다니기 · · · · · · · 136

34. 인상을 남길 수 있는 옷차림 · · · · · · · · · · · · · · · · · · 140

35. 우리 집 대장이 되세요 · 142

36. 꿈에 그리던 나만의 은신처를 설계하기 · · · · · · · · · 146

37. 둥글게 둥글게 원을 그리기 · · · · · · · · · · · · · · · · · · · 150

38. 지금 소리 지르기! · 155

39. 발자국만 남기기 · 160

40. 시민 과학자가 되기 · 164

41. 신화를 믿지 마세요 ·· 168

42. 예술 활동가 되기 ·· 172

43. 차로 등하교는 이제 그만 ································ 176

44. 라벨 읽기 (그리고 열대 우림 구하기) ················ 180

45. 보물찾기 ·· 184

46. 게임은 이제 그만 ·· 188

47. 녹색 반려동물 얻기 ······································ 192

48. 천천히 먹기 ·· 196

49. 친환경적인 방법으로 몸 씻기 ························· 201

50. 이 책을 없애기 ·· 204

용어설명 ··· 206

지구 계량기에 대한 간단한 설명서

....

지킬 수 있는 것들:

야생동물   종이/나무   전기   쓰레기/매립장

플라스틱   열대우림   재활용   탄소 발자국

오염   물   음식

....

영향을 미치는 정도: 비용: 어려운 정도:

채식주의자로 살기!

자원을 먹어 없애는 데 있어서 육식은 지구의 첫 번째 적이에요. 일주일에 하루만 채식을 해도 큰 변화를 이룰 수 있답니다.

지구 계량기

매년 76억 명의 사람들이 650억 마리라는 엄청나게 많은 동물의 고기를 쩝쩝 먹어 치워요. 농장에 있던 이 동물들이 여러분이 먹는 햄버거 속에 들어가는 과정에서 지구는 세 가지 방법으로 스트레스를 받게 되죠.

도와줘!

땅을 너무 많이 차지해요

전 세계 농지의 대부분 그리고 이 세상 땅의 3분의 1 정도가 동물을 사육하는 데 사용되고 있어요. 소와 양에게 보금자리가 되어 주는 풀밭만 있는 게 아니에요. 우리가 재배하는 작물의 3분의 1 정도가 동물을 먹이는 데 사용되죠. 이런 농지가 숲을 밀어내고 자연 서식지를 파괴해 버렸어요.

방귀가 기가 막혀

가축은 화석 연료*를 먹어 치우는, 이 세상의 모든 차량이 내뿜는 것과 똑같은 양의 온실가스*를 내뿜어요! 소는 **최악의** 범인이랍니다.

소는 풀을 소화할 때 가장 해로운 온실가스 중 하나인 메탄을 트림과 방귀로 계속 분출해요. 지구상에 있는 소 15억 마리는 마리 당 하루에 500리터까지 메탄을 내뿜을 수 있어요!

물도 걱정이에요

이 모든 동물들을 돌보는 데 매년 인간이 사용하는 깨끗한 물의 10퍼센트가 사용돼요. 목장에서 식탁에 오르기까지 고기를 깨끗하고 서늘하게 유지하는 데에는 훨씬 더 많은 물이 사용되죠. 목축업은 물 오염의 주범이기도 해요. 동물의 똥과 화학 물질들이 강과 바다로 흘러 들어가거든요.

과학자들이 숫자를 가지고 씨름하면서 사람들이 제일 좋아하는 고기의 **탄소 발자국***을 계산해 봤더니…

양다리 반쪽은

이산화 탄소 **39.2킬로그램**, 다시 말해서 일반적인 자동차로 **150킬로미터**를 달리는 것과 같고,

커다란 소고기 버거 4개는

이산화 탄소 **27킬로그램**, 다시 말해서 일반적인 자동차로 **105킬로미터**를 달리는 것과 같고,

돼지고기 소시지 20개는

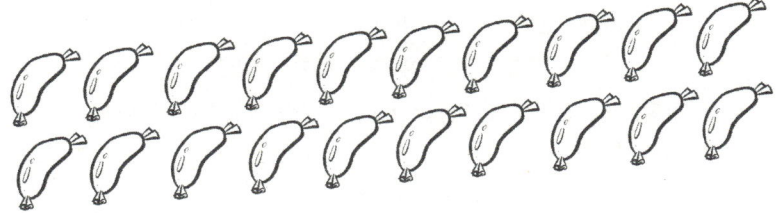

이산화 탄소 **12.1킬로그램**, 다시 말해서 일반적인 자동차로 **50킬로미터**를 달리는 것과 같았어요.

만일 여러분과 여러분의 가족이 일주일에 하루만이라도 고기와 치즈를 먹지 않는다면 **5주 동안** 집에 있는 차를 몰지 않는 것보다 지구에 더 큰 도움이 될 수 있어요.

그럼 나머지 6일은 어떻게 하죠? 음, 여러분이 고기를 너무 좋아해서 채식주의자가 될 수 없다면, 정당하게 잡은 물고기와 닭고기로 환경에 친절한 사람이 될 수 있어요. 달걀은 훨씬 친환경적인 동물성 단백질원이랍니다(하지만 정말로 환경을 생각한다면… 먹어서는 안 돼요).

2050년이 되면 적어도 90억 명이
이 지구에 살게 될 거예요(50년 전에는 겨우 35억 명이었죠).
이 모든 사람들이 소고기와 양고기를
배불리 먹는다는 건 불가능한 일이에요.
고기의 단백질은 다른 음식에서 섭취해야 할 거예요.
과학자들이 연구 중인 아이디어 중에는 연구실에서 키운
인조고기와 **곤충 단백질**도 있어요!
이제는 콩 버거가 꽤 먹음직스러워 보일 것 같지 않나요?!

물을 아끼는 설거지 법

여러분도 싫어하지만
지구도 설거지는 싫어해요!
다행히도 설거지를 줄이는 건
여러분과 지구 모두에게 좋은
일이랍니다.

지구 계량기

과학 연구에 참여해 보는 상상을 해봤나요? 과학자들은 자신들의 이론을 검증하는 데 도움을 줄 사람들을 항상 찾고 있어요. **하지만 조심해야 해요**. 어떤 과학 연구에서는 안타깝게도 참가자들한테 더러운 그릇과 냄비, 프라이팬, 수저 144개를 닦으라고 했다지 뭐예요. **종류별로** 144개를요! 하지만 여기에도 목적은 있었어요. 이렇게 연구를 해 보니까 사람들이 설거지를 다른 방식으로 하더라는 거죠. 환경에 훨씬 친절한 방식도 있고, 그렇지 않은 방식도 있고 말이에요.

설거지에는 우리 집 **총** 물 사용량의 5퍼센트 정도가 들어가요. 일반 가정에서 일주일에 10번 정도 설거지를 하는데, 수돗물을 틀어 놓고 하면 물 **30리터**가 사용돼요. 그릇을 헹구는 동안 뜨거운 물을 틀어 놓고 낭비하는 습관을 피하면 물을 훨씬 적게 쓸 수가 있어요. 1분 동안 수돗물을 틀어 놓으면 8~12리터의 물이 쏟아져 나와요. 일주일 동안 마시는 물의 양과 맞먹죠.

이 물을 따뜻하게 만들려면 이산화 탄소 **8킬로그램**과 맞먹는 온실가스가 배출돼요. 42인치짜리 LCD 텔레비전을 **48시간** 동안 켜 놓는 것과 같은 효과죠.

친환경적인 설거지를 위한 최고의 방법

5. 남아 있는 음식물을 최대한 퇴비 통에 비워요(62~65쪽 참고).

4. 미지근한(뜨겁지 않은) 물을 싱크대에 넉넉히 받아요. 설거지 양이 충분히 많을 때만요.

3. 먼저 유리컵과 수저를 씻어요.
   그다음 더러운 그릇을 씻어요.
   세제를 묻힌 그릇은 옆에 쌓아 두세요.

2. 싱크대가 반 정도 찰 만큼 찬물을 받아요.
   그다음 세제가 묻은 그릇을 담가 헹구세요.

1. 그릇이 자연스럽게 마르도록 내버려 두세요.

식기세척기를 쓰는 집이라면 식기세척기가 지구에 더 친절하다는 말에 **아주** 기분이 좋겠네요. 그릇을 먼저 헹구지 않기만 한다면요. 보통 식기세척기는 한 번에 12~15리터의 물을 사용하지만, 수돗물로 그릇을 먼저 헹굴 경우 매년 2만 2천 리터나 되는 물이 낭비될 수 있어요!

그 대신 퇴비 통에 남은 음식물을 싹싹 긁어 넣으세요(62~65쪽 참고). 요즘 나오는 똑똑한 식기세척기는 그릇이 얼마나 더러운지 감지해서 거기에 맞게 알아서 설정을 바꿀 수도 있답니다.

그 외에 식기세척기가 완전히 차 있는지 항상 확인하고, 최대한 온도를 낮게 설정하세요. 그리고 재생 에너지를 이용하고 전력 수요가 적은 한밤중에 식기세척기를 돌리세요(81~83쪽 참고). 잠자는 동안 지구를 지키세요(이렇게 좋은 일을 해 놓고 누가 그릇을 정리할 차례인지 말싸움하느라 기분을 망치지는 마세요).

그릇의 물기를 닦는 일이
좋지 않다는 걸 알고 있나요?
아, 재미없는 일이라서 그런 것만은 아니에요!
한 연구 결과에 따르면, 마른 행주의 89퍼센트에
똥에서 나올 만한 박테리아가 들어 있다고 해요. 우웩.
그중 4분의 1 정도에 고약한 장염을
유발할 수 있는 대장균 박테리아가 있었대요.
행주를 갖다 버리고
세척에 들어가는 물과 에너지도 아끼세요.

목욕 금지!

환경 전사들에게
어째서 욕실이 전쟁터인지
알고 싶나요?

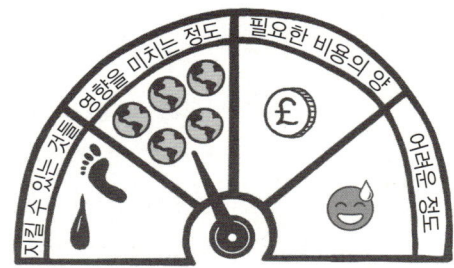

지구 계량기

집에서 공기 중으로 뿜어져 나오는 온실가스의 양을 줄이는 가장 좋은 방법 중 하나는 **온수 사용량**을 줄이는 거예요. 예를 들어 일본에서는 가정용수를 공급하고 데우는 과정에서 총 이산화 탄소 배출량의 5퍼센트가 만들어지는데, 이 중에서 60퍼센트가 온수 때문이래요.
한 주에 한 번만이라도 목욕을 건너뛰면 **큰 차이**를 만들 수 있답니다. 대신 너무 냄새가 나지 않을 정도로 적당히 샤워를 하세요.

그렇다고 너무 우쭐할 필요는 없어요. 물이 빠르게 나오는 1분 동안 물 17리터까지 써 버릴 수 있거든요. 다시 말해서 그런 식으로 8분 동안 샤워를 하면 욕조를 이용한 목욕 한 번에 들어가는 에너지와 물의 거의 두 배를 써 버릴 수 있어요!

좀더 친환경적인 방식으로 샤워를 하려면 시간을 재서 5분을 넘기지 않도록 하세요. 방수 시계나 태엽 방식의 타이머를 사용해도 좋아요(욕조 근처에는 전원을 꽂을 곳이 없다는 점을 기억하세요). 가족들에게도 샤워를 5분 만에 끝내는 과제를 주면, 1년 동안 뜨거운 물 수천 리터와 많은 돈을 아낄 수 있답니다.

욕실에서 물을 절약하는 방법이 또 있어요. 세면대와 변기를 쓸 때마다 환경 전사가 되는 것이지요. 2분간 양치를 하면 매번 10리터 정도의 물을 사용하게 돼요(하루에 양치를 두 번 하면 하루에 20리터를 쓰게 된답니다. 하루에 두 번은 양치를 하죠?). 양치하는 동안 수도꼭지를 잠가 두면 물을 많이 아낄 수 있어요. 얼굴이나 손을 씻는 동안에도 물을 틀어 놓는 대신 세면대에 조금 담아서 쓰면 12리터를 더 아낄 수 있어요!

영국에서는 평균적으로 한 명이
매일 142리터의 깨끗한 물을 사용해요.
이 중에 4분의 1이 샤워하는 데 쓰이는데,
이는 1일 물 사용량의 가장 큰 비중을 차지한답니다.

부메랑 물병 만들기

아직도 플라스틱 물병이 얼마나 나쁜지 들어 본 적 없다면
여러분은 다른 별에 살고 있는 거예요.
둥둥 떠다니는 거대한 쓰레기 섬에 질식되지 않은 그런 별 말이죠.

매년 전 세계에서 판매되는 플라스틱병은 **4천8백억 개**가 넘어요. 플라스틱으로 인한 지구의 문제도 점점 눈덩이처럼 불어나고 있죠. 이 플라스틱병으로 줄을 세우면 지구를 1,870바퀴는 돌 수 있을 거예요. 그리고 정말로 비슷한 일이 벌어지고 있어요. 매년 수백만 톤의 플라스틱 쓰레기들이
바다로 흘러 어마어마하게 거대한, 둥둥
떠다니는 쓰레기 섬을 만들어
내고 있거든요.

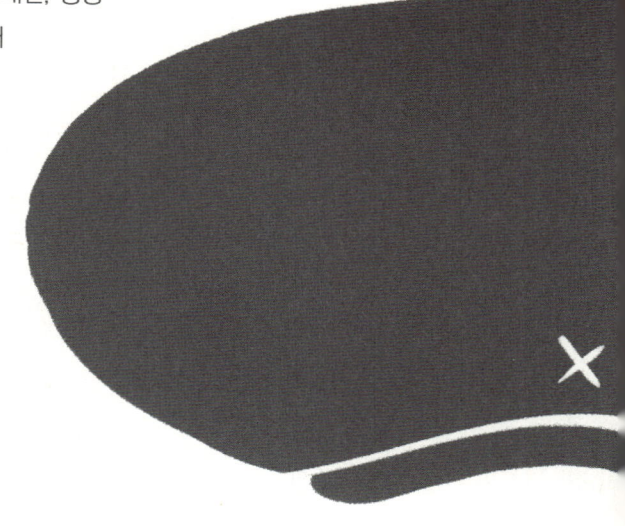

지구 계량기

플라스틱의 가장 큰 장점은 파괴가 거의 불가능하다는 점인데, 그게 플라스틱의 가장 큰 문제이기도 해요. 종이나 마분지는 몇 주면 썩어서 없어지지만, 플라스틱병은 닳아 없어지려면 최소한 **450년**이 걸리거든요. 그리고 심지어 플라스틱은 완전히 분해되지도 않아요. 그냥 계속 더 작은 알갱이로 부서질 뿐이지요. 유엔은 **'미세 플라스틱'***이라고 하는 이 작은 알갱이들이 바다 속 생명체에게 회복할 수 없는 피해를 입히고 있다고 경고하기도 했어요.

여러분이 이 책을 여기까지 읽는 몇 분 동안 **1백만 개**의 플라스틱병이 팔려 나갔어요. 결국 플라스틱병이 동물성 플랑크톤이나 물고기, 아기 앨버트로스, 고래와 물개의 배 속에 들어가는 것으로 끝이 나는 여행을 시작한 거죠.

여러분은 운동장에서 헐떡거리며 뛰어다니든, 학교에서 춤을 추며 땀을 흘리든, 아니면 수업 시간에 지루해서 눈물을 흘리든, 몸이 쓰는 물을 대체하기 위해 하루 종일 물을 마셔야 해요. 하지만 일회용 플라스틱병에 담긴 물이어야 할 필요는 없어요. 어쨌든 패트(PET, 대부분의 청량음료 병과 물병으로 사용되는 플라스틱이에요)는 1970년대가 되어서야 발명되었지만, 그 전에도 최소한 1천억 명이 탈수로 죽지 않고 잘 살았잖아요! 플라스틱은 그냥 나쁜 습관일 뿐이에요. 그러니까 이 습관을 끊는 건 우리에게 달린 일이랍니다.

그러면 여러분이 어떤 일을 할 수 있을까요? 여기 몇 가지 아이디어가 있어요. 세척과 재사용이 편한 병을 사세요. 혹시 잃어버리더라도 부메랑처럼 돌아올 수 있도록 이름을 써 두고요. 아침에 집을 나서기 전에 물병을 채우고, 이동 중에는 정수기를 이용하거나 아니면 카페나 음식점에서 물을 채워도 될지 물어보세요. 그리고 여러분이 커피숍에서 물을 채우고 있는데 주위의 어른들이 **일회용** 커피잔을 들고 있으면, 최대한 열심히 **째려보는** 것도 잊지 마세요.

영국에서는 매년 25억 개의
커피잔이 사용된 뒤에 버려져요.

만일 여러분이 일회용 플라스틱병을 쓰게 되었다 해도 세상이 다 끝난 것처럼 절망하지는 말아요(그럼요, 아직 끝나지 않았어요). 분리수거하기 전까지 재사용하면 되니까요. 보증금 반환 정책도 유심히 살펴보세요. 버려진 병을 모아서 재활용할 수 있는 곳에 가져다주면 돈을 받을 수도 있거든요.

1900년대 초, 플라스틱이 발명된 이후로
약 83억 톤의 플라스틱이 만들어졌어요.
그리고 이 중에서 63억 톤 정도가 그냥 버려졌죠.
재활용된 건 9퍼센트 뿐이에요.
나머지는 쓰레기 매립장이나 자연 환경 어딘가에
말없이 썩지도 않고 그대로 있는 거예요.
이 지구가 플라스틱으로 뒤덮이는 걸 원치 않는다면
지금 당장 움직여야 해요.

2050년 쯤이면 바다에는
물고기보다 플라스틱이 더 많아질 거래요.

지구를 위한 파티

생일은 여러분이 태양을 한 바퀴 더 돈 것을 축하하는 날이에요. 그러니까 여러분을 태워 준 지구를 위해 파티를 계획해 보면 어떨까요?

지구 계량기

파티는 멋지지만 지구를 생각하면 사실 축하할 이유가 하나도 없어요. 생일은 일 년에 한 번만 오기 때문에 대부분의 파티용품은 일회용품이거든요. 포장지, 카드, 장식용품, 종이 접시, 냅킨, 플라스틱 컵과 플라스틱 수저 모두가 두어 시간 쓰고 버리도록 되어 있어요. 하지만 꼭 일회용품일 필요는 없어요.

친환경적인 파티를 위한 최고의 방법

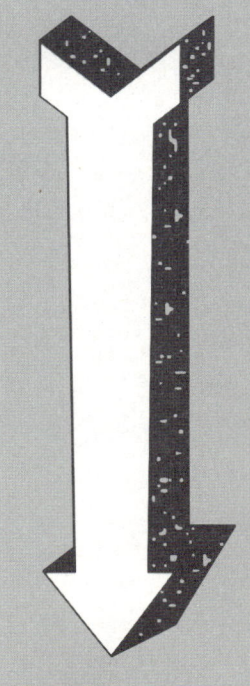

5. 초대장과 감사 카드는 이메일로 보내요.

4. 사용했던 포장지나 만화책, 자투리 천을 삼각형으로 잘라 나만의 장식을 만들어요.

3. 재사용할 수 있는 접시, 컵, 수저를 이용해서 음식을 차려요. 중고 가게에 가면 일회용품보다 더 싼 가격으로 살 수 있을지 몰라요! 파티가 끝나고 나면 별도의 상자에 보관해 두고, 친구와 가족들에게도 빌려주도록 해요.

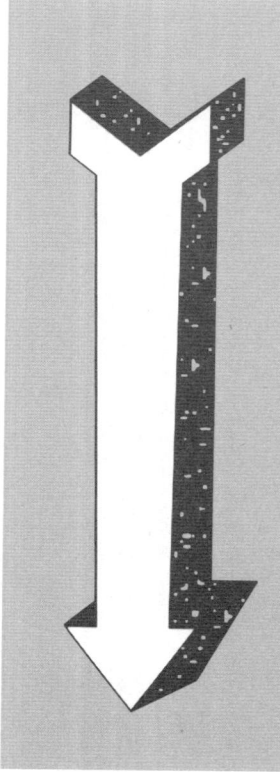

2. 냅킨은 안 돼요! 대신 비눗물을 큰 대야에 떠 놓고 수건과 함께 제공하세요. 작은 퇴비통과 분리수거함을 마련해서 쓰레기를 올바르게 처리하도록 도와주세요.

1. 비닐로 된 파티용 가방에 플라스틱 장난감을 채우는 대신 손님들이 집에 가져갈 수 있는 선물을 만들어 보세요. 점토로 된 식물 화분을 장식하거나, 과학 실력을 발휘해서 슬라임을 만들어보거나, 직접 컵케이크를 만들어 보는 건 어떨까요?

플라스틱 나이프와 포크, 숟가락을
제일 많이 쓰는 미국 사람들은
매년 400억 개 정도 사용한다고 추정된대요.
프랑스에서는 이미 일회용 플라스틱 컵과 나이프,
포크, 숟가락, 접시를
금지하는 법을 통과시켰답니다.
2020년부터는 퇴비로 만들 수 있는
제품만 쓸 수 있을 거예요.

반짝이를 내려놓기

반짝이!
눈부시고 화려하고 예쁘지만…
그만큼 치명적이랍니다.

지구 계량기

반짝이는 색이 있는 플라스틱으로 코팅된 작은 반사 포일을 말합니다. 옷에서부터 화장품, 공예 용품에 이르기까지 엄청나게 인기가 많지요. 하지만 환경 영웅들 앞에선 그 화려함도 빛을 잃고 만답니다.

반짝이를 써 본 사람이라면 그 작은 가루들이 **어디에든** 붙는다는 걸 알 거예요. 반짝이가 뿌려진 카드를 한 번 받으면 몇 주 동안 머리카락에서, 카펫에서 그리고 강아지에게서 반짝이를 보게 돼요. 하지만 이 가루를 씻어 내면 어디로 가는지 아나요? 하수 여과 시스템을 거쳐 바다로 들어간 뒤, 그곳에 살고 있는 생명체들에게 끔찍한 피해를 입힐 수도 있답니다(134쪽 참고).

이 작은 플라스틱 조각들은 우리 밥그릇에 올라오기도 해요. 많은 해양 동물들이 플라스틱을 먹어요(바다에서는 플라스틱이 금세 해조류로 뒤덮여 버려서 물고기들에게 맛있는 냄새를 풍기게 되거든요). 그러니까 다시 말해서 우리가 생선이나 해산물을 먹을 때마다 거기서 흘러나온 미세 플라스틱이나 화학 물질도 같이 먹게 된다는 뜻이에요. 채식주의자가 된다고 해도 피해갈 순 없어요. 플라스틱 섬유는 바다 소금과 심지어는 꿀에서도 발견된 적이 있거든요. 이 작은 조각이 인체에 얼마나 큰 영향을 미칠지는 아직 아무도 몰라요. 이제는 반짝이가 그렇게 예뻐 보이지만은 않죠?

반짝이를 금지해야 한다고 주장하는 사람들도 있지만 방법이 없는 건 아니에요. 과학자들이 플라스틱 대신 유칼립투스 같은 천연 물질로 생분해*가 가능한 반짝이를 만드는 방법을 연구하고 있거든요. 그러니까 반짝이가 조금 들어간 페이스 페인팅이나 입욕제나 공예 용품을 포기할 수 없다면 이 '친환경 반짝이'를 한번 찾아보세요. 아니면 영국의 한 어린이집에서 했던 방법대로 렌틸콩*을 반짝이 대신 사용해 보는 건 어떨까요(아무래도 얼굴에는 쓸 수 없겠지만요)?

★ 렌틸콩은 노란색, 갈색, 붉은색, 검은색 종류가 있고, 볼록한 렌즈 모양을 하고 있어 '렌즈콩'이라고도 불린답니다. 여러 색의 렌틸콩을 이용해 천연 반짝이를 만들어 보아요.

과학자들은 이미
15조에서 51조 개의 미세 플라스틱 입자가
바다로 흘러 들어갔다고 생각하고 있어요.

못생긴 음식을 먹기

못생긴 음식 게임으로 슈퍼마켓의 친환경 영웅이 되어 보세요.
제일 이상하게 생긴 과일과 채소를 누가 먼저 찾아서 집에 가져갈 수 있을까요?

지구 계량기

잠깐 진지해져 볼까요? 이 세상 인구의 10명 중 1명인 8억 1천5백만 명이 먹을 게 부족하고, 매년 3백만 명이 넘는 어린이들이 영양실조 때문에 목숨을 잃고 있어요. 하지만 지구에서 이 모든 사람들을 먹여 살릴 수 있는 충분한 음식을 생산하지 못해서가 아니에요. 놀랍게도 매년 생산되는 식품의 **3분의 1**이 그냥 버려지고 있답니다.

쓰레기는 아주 다양한 장소에서 만들어져요. 농장에서는 '못생긴' 작물을 썩게 버려두고요, 슈퍼마켓에서는 '못생긴' 과일과 채소를 진열도 하지 않거나, 진열하더라도 사 가는 사람이 없어요. 그리고 우리 집에서는 곰팡이가 피고 먹을 수 없을 지경이 될 때까지 냉장고 뒤편에 음식을 처박아 놓고 잊어버리기도 하죠. 미국의 쓰레기 매립장은 14퍼센트 정도가 이런 식으로 버려진 음식들이랍니다.

장을 보고 음식을 만들어 먹는 습관이 이런 문제를 일으킨 큰 원인이에요. 하지만 이건 우리가 문제를 해결할 수 있다는 뜻이기도 하죠! 장을 볼 때 제일 못생긴 과일과 채소를 찾는 걸 여러분의 중요 임무로 삼아 보세요. 흠이 많거나, 너무 크거나, 너무 작거나, 너무 형편이 없어서 못 먹는 음식은 없어요. 진열대에 놓여 있다면 먹어도 괜찮다는 거죠. 이런 음식들이 버려지지 않도록 집으로 데려가세요. 얘네도 맛은 있을 거예요!

영국에서는 2015년에 가정에서 나온
음식물 쓰레기만 730만 톤이었대요.
런던 크기의 도시에 사는 모든 사람들을
1년 동안 먹여 살릴 수 있을 정도의 양이죠!
이 중에서 440만 톤은 사람들이 먹지도 않은
상해 버린 우유나 곰팡이가 피어 버린 빵처럼
'막을 수 있는' 쓰레기였어요.

지구를 살리는 간식

우리처럼 전기 코드와 전등 스위치가 갖춰진 집에 사는 운 좋은 수십억 명의 사람들은 전기를 공기처럼 당연하게 여겨요. 눈에 보이지도 않고 항상 쓸 수 있으니까요. 우리가 얼마나 낭비하는지는 생각하지 않는 거죠.

지구 계량기

전기가 어디서 오는지를 잊는 건 참 쉬워요. 어쨌든 태블릿과 텔레비전은 연기와 그을음을 뿜어내지는 않잖아요. 하지만 안타깝게도 사실 전기를 만드는 데 사용되는 대부분의 에너지는 아직도 환경 전사들의 원수인 화석 연료를 태워서 만들고 있어요.

석탄, 석유, 천연가스를 태우면 이산화 탄소 같은 기체가 엄청나게 많이 배출되는데, 이 기체는 지구 대기의 천연 **온실 효과***를 더 강하게 만들어요. 어떤 결과가 일어날까요? 지구가 자꾸 더워져서 장기적으로 기후 변화가 일어나는 거죠. 그러면 해수면 상승, 심각한 홍수, 극단적인 날씨, 가뭄, 많은 종의 멸종, 식량 부족, 질병 확산 같은 일들이 벌어져요. 좋은 소식은 하나도 없어요. 이 모든 게 우리가 편하게 쓸 수 있는 전기를 너무 사랑하기 때문이에요.

정부와 에너지 산업이 대체 에너지원을 탐구하고는 있지만, 그동안 우리가 전기를 아껴 쓰는 노력으로 도움을 줄 수 있어요.

전기 사용량을 줄이기 위한 최고의 방법

5 아침에 일어나자마자 전등을 켜는 대신 커튼이나 블라인드를 먼저 걷어요. 방에서 나올 때는 전등을 끄세요(당연히 다른 사람이 방 안에 있지 않을 경우에요!).

4 간식을 찾느라 냉장고 문을 열어 두지 마세요. 냉장고의 총 에너지 사용량 중에 7퍼센트는 문을 열었을 때 흘러 들어가는 따뜻한 공기를 냉각시키는 데 사용된답니다.

간식 시간!

3 냉장고를 3분의 2만 채워 두면 에너지 사용량이 적어져요. 냉장고 안에 음식이 너무 많으면 열심히 먹어 치워서 지구를 지키도록 해요!

2 노트북이나 태블릿처럼 스크린이 있는 제품을 사용할 때는 볼륨과 밝기를 낮춰서 배터리 소모량을 줄여요.

1 텔레비전, 컴퓨터, 게임기를 밤새 대기 모드로 두지 마세요. 게을러서 자신이 없는 사람이라면, 대신 기억을 해 주는 타이머 장치가 달린 플러그를 이용하세요.

쓰레기를 보물로 바꾸기

숨겨진 보물을 찾아서
부자가 되는
꿈을 꾼 적 있나요?
여러분의 분리수거함을
뒤져 보세요!

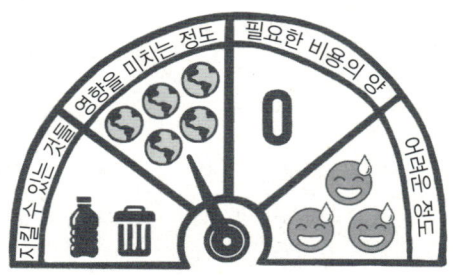

쓰레기처럼 보이고 냄새가 날 수도 있지만, 다른 누군가에게는 소중할 수 있어요. 예술가나 선생님 같은 많은 사람들은 집에 있는 재료들로 공예 작품을 만들기도 해요. 아래의 물건들을 찾아 쓰레기 사냥을 떠나 보세요.

☆ 두루마리 휴지 심지와 키친타월 심지

☆ 달걀 박스

☆ 빈 유리 단지와 향수병

☆ 낡은 단추

☆ 구부러진 옷걸이

☆ 자투리 천

☆ 솔방울

☆ 코르크 마개

☆ 캔 고리
☆ 플라스틱 우유병뚜껑
☆ 금속병뚜껑

물건을 모두 모았다면 부모님에게 온라인 중고 거래 사이트를 이용해서 대신 팔아 달라고 부탁하세요. 여러분이 찾은 물건들은 버려지지 않고 심지어 아름다운 무언가로 환생할 수도 있어요. 환경을 위해 한걸음 더 들어가고 싶으면 여러분이 제일 좋아하는 환경 단체에 수익금을 기부하거나, 아니면 그걸 가지고 어려움에 처한 동물을 도와주세요.

다음 규칙을 반드시 따라야 해요

깨끗하고, 안전하고, 상태가 좋은 물건만 수집한다.

판매와 배송은 어른에게 부탁한다.
온라인 판매를 직접 하지 않는다.

한 번 사용한 포장 재료들을 모아 두었다가
물건을 포장해서 보낼 때 다시 사용한다.

쓰레기 여행 계획하기

**내가 버린 쓰레기가
어디로 가는지 확인하기**

지구 계량기

여러분의 가족이 쓰레기통을 비우지 않고 쓰레기를 집 안에 모아 둔다고 상상해 보세요. 금세 냄새가 진동할 거예요. 고약한 냄새가 나는 치즈와 썩은 달걀이 벗어 놓은 옷과 뒤섞여 있다고 생각해 보세요. 뭐 그래요, 그렇게까지 나쁘지 않을 수도 있어요. 하지만 1년이 지나면 여러분은 **1톤**이 넘는 포장재와 음식물 쓰레기 사이를 헤치며 걸어 다니게 될 거예요. 평균적으로 영국 가정에서 나오는 쓰레기의 양이 그 정도랍니다. 일 주일 혹은 이 주일에 한 번씩 우리가 버린 쓰레기를 치워 준다는 것은 정말 감사한 일이에요. 하지만 그건 우리가 사실 얼마나 많은 쓰레기를 만들어 내는지 절대 알 수 없다는 말이기도 하죠.

여러분의 침실에 쓰레기를 쌓아 놓지 못하겠다면 차선책이 있어요. 쓰레기차가 떠나고 난 뒤에 여러분이 버린 쓰레기가 어디로 가는지 확인해 보는 거죠.

많은 쓰레기 매립장과 재활용 시설들이 개인이나 단체를 대상으로 무료 견학 프로그램을 진행해요. 만일 여러분의 가족이 별로 원치 않으면 학교에 견학을 요청해 보세요. 여러분 동네의 쓰레기에 어떤 일이 일어나는지, 쓰레기의 양을 줄이려면 어떤 조치를 취할 수 있는지 배울 수 있을 거예요. 재질을 분류하고 덩어리를 만드는 최첨단 쓰레기 로봇을 볼 수 있을지도 몰라요. 그리고 거대한 규모의 악취 나는 매립장을 한번 보고 나면 확실히 쓰레기를 줄이고, 재사용하고, 재활용을 해야겠다는 마음이 생길 거예요. 거기에 비하면 여러분의 방이 **정말로** 깔끔해 보이게 되는 건 덤이겠죠!

~~나의~~ 지구의 생일을 축하해 주세요

다음번 생일 준비 목록을
작성할 때는
지구에게 줄 선물도
넣으세요!

지구 계량기

사람들은 선물하는 걸 아주 **좋아해요**. 받는 것보다 훨씬 더 좋아하죠(물론 예외도 있어요)! 그건 인간의 본능과 같아서 여러분은 세계 어디를 가든 가족과 친구와 끈끈한 관계를 이어 가기 위해 선물을 하는 사람들을 만날 수 있어요. 선물하기를 연구하는 과학자들(지구상에서 가장 멋진 일 중 하나인 게 분명해요)은 좋은 선물은 비싼 선물이 아니라는 걸 알아냈어요. 최고의 선물은 누군가에게 정말로 필요한 선물을 하는 거죠. 그러니까 지구를 살릴 힘을 가진 물건을 구해 보도록 해요!

> 최고의 선물은 누군가에게 정말로 필요한 선물을 하는 것!

'물건' 대신 아래와 같은 활동이나 지구에 유익한 선물을 찾아보세요.

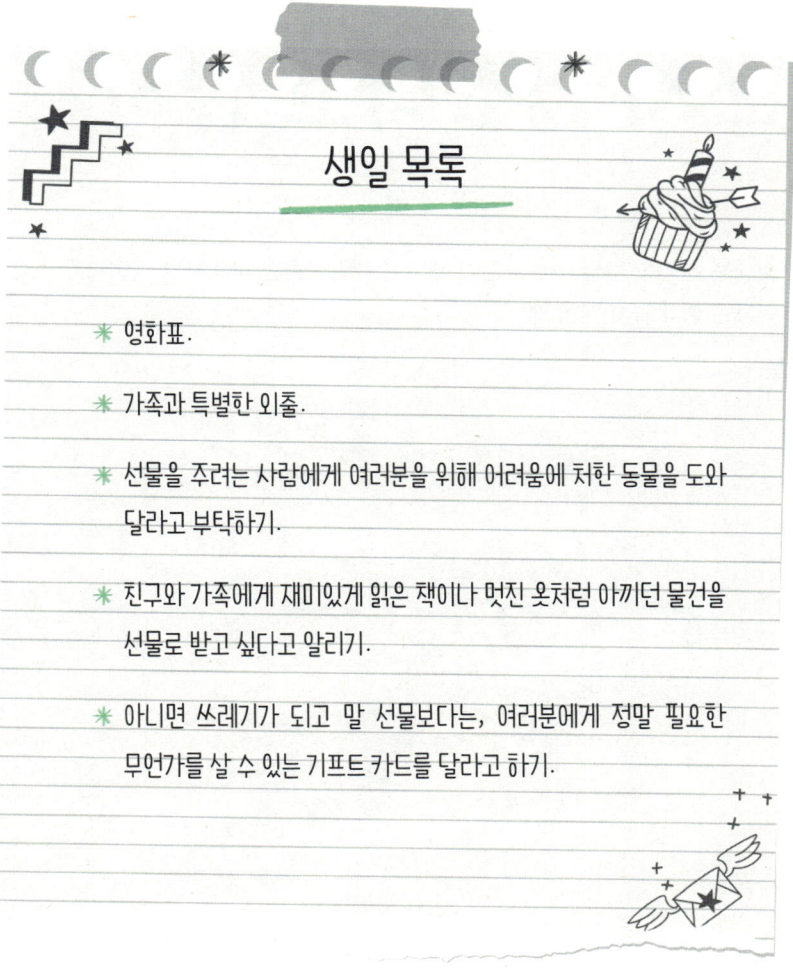

생일 목록

* 영화표.

* 가족과 특별한 외출.

* 선물을 주려는 사람에게 여러분을 위해 어려움에 처한 동물을 도와 달라고 부탁하기.

* 친구와 가족에게 재미있게 읽은 책이나 멋진 옷처럼 아끼던 물건을 선물로 받고 싶다고 알리기.

* 아니면 쓰레기가 되고 말 선물보다는, 여러분에게 정말 필요한 무언가를 살 수 있는 기프트 카드를 달라고 하기.

여러분의 생일 목록을 무시하고 별로 좋지 않은 책이나 패션을 무시한 스웨터를 선물하는 사람이 꼭 한 명은 있을 거예요. 여러분이 좋아하지 않거나 사용하지 않는 선물들은 따로 챙겨 두었다가 나중에 다른 사람에게 선물을 해요. 그러면 당신도 친환경적인 선물꾼이 될 수 있어요!

빨대는 더 이상 쓰지 않겠다고 말하기

빨대는 완전히 불필요한 물건인 데다가 해양생물을 파괴하고 있어요. 이제는 빨대와 이별할 때!

영국 사람들이 1년 동안 사용하는 음료 빨대는 85억 개 정도예요. 모두 몇 분 사용하고 버려지죠. 그러고는 모든 플라스틱 쓰레기처럼 종종 바다로 흘러 들어가서 **200년**이 넘는 시간에 걸쳐 분해가 돼요.

지구 계량기

사실 빨대는 해변을 청소할 때 가장 많이 발견되는 10가지 품목에 들어가요. 물론 이렇게라도 발견되는 게 그나마 다행이죠. 플라스틱 빨대가 거북이의 코에 꽂히거나 펭귄의 위에 엉킨 채로 발견된 적도 있어요. 그림을 봐요. 빨대는 너무 해요.

이 세상 바닷새의 90퍼센트는
내장에 플라스틱이 들어 있어요.

몇몇 도시와 나라들은 이미 플라스틱 빨대 사용을 금지했고, 다른 나라도 점점 시행하고 있어요.

생명을 파괴하던 빨대는 종이 빨대, 금속 빨대, 심지어는 지푸라기 빨대처럼 더 친환경적으로 바뀔 수 있어요! 완전히 새로운 아이디어는 아니에요. 음료를 마실 때 사용하던 최초의 빨대는 속이 비어 있는 식물의 줄기였으니까요! 이 줄기 빨대가 방수 때문에 왁스칠을 한 종이로 대체되었고, 결국 플라스틱 빨대로 바뀐 거죠. 몇몇 회사들은 생분해가 가능하고 퇴비로 만들 수 있는 빨대를 다시 도입하고 있어요. 하지만 이런 것들도 만들어서 가게와 집까지 수송하려면 그 과정에서 자원을 집어삼키게 돼요. 그러니까 가장 좋은 방법은 빨대라면 모두 쓰지 않겠다고 말하는 거예요.

이 돌멩이는 쓰레기가 아니에요

피젯 스피너*, 룸 밴드*, 슬라임, 포켓몬은 잊으세요. 지구를 휩쓸고 있는 가장 거대한 것은 색깔을 입힌 돌들이에요!

밖에 나가서 잘 살펴보세요. 뭔가 남달라 보이는 돌멩이가 보일 거예요. 밝은색 그림과 무늬가 그려진 돌들이 전국 온갖 장소에 나타나고 있어요. 공원에도, 풀숲에도, 나무 밑에도, 해변에도 말이죠.

이런 돌멩이의 뒷면에 어떤 문구가 있을 거예요. 이 문구를 발견한 사람은 사진을 찍어서 소셜 미디어에 올린 뒤 그걸 다시 숨기거나 아니면 나만의 문구를 새로 칠하죠.

환경에 대한 메시지를 담아 여러분만의 돌멩이를 칠해보는 건 어떨까요? 바위나 돌멩이를 찾아서 방수 페인트로 예쁘게 꾸며 보는 거예요(이때 스프레이 페인트는 피하도록 해요. 지구에 해를 끼치거든요). 돌멩이의 바닥면에는 환경에 도움이 될 만한 조언과 **#이돌멩이는쓰레기가아니다** 라는 해시태그를 넣고요. 여러분이 사는 동네에 이 돌들을 숨기면 전 세계로 퍼져나갈 거예요. 돌을 발견한 사람들은 이 해시태그와 함께 아주 많은 친환경 조언들을 얻을 수 있겠죠!

환경을 ~~걱정하는 사람~~ 위해 싸우는 사람

환경 전사 되기

환경을 걱정하는
사람이 아니라
환경을 위해
싸우는 사람이 되세요.

지구 계량기

마음이 맞는 친구들과 팀을 짜서 환경 동아리를 만들어 보세요. 지구를 지키려는 여러분의 노력을 퍼뜨리는 동시에 친구들과 더 많은 시간을 보낼 수 있는 좋은 방법이에요. 여러분들이 **환경 어벤져스**라고 생각하세요! 한 학기 활동 계획을 세우고 선생님에게 도움을 드리고 싶다고 말해 보세요. 여러분이 직접 동아리를 만들기 힘들다면 학생회 임원에게 말해보는 건 어떨까요? 아니면 학교에서 회의를 열어 여러분의 생각을 나누고 모든 구성원이 지구를 지키기 위해 각자의 역할을 할 수 있도록 좋은 기운을 불어넣어 봐요.

환경 동아리에 시동을 걸 수 있는 10가지 아이디어

1 쓰레기 줍기 모임을 만들어서 동네에 있는 쓰레기를 없애요.

2 학교에 야생화 정원을 만들어요.

3 고물을 선물로 변신시켜서 학교 축제에서 판매해요.

4 자전거나 도보로 등교하는 포스터를 만들어요.

5 #이돌멩이는쓰레기가아니다 프로젝트를 시작해요(56~57쪽 참고).

6 환경 영향 평가를 실시하여 학교가 지구를 지키기 위해 얼마나 많은 일을 하고 있는지 알아보세요.

7 낡은 우드펠릿*과 천연 재료를 이용하여 거대한 벌레 호텔을 지어요.

8 학교 운동장에 집에서 만든 새 모이통을 걸어 두세요(89~91쪽 참고).

9 학교에 있는 모든 복사기, 쓰레기통, 비품 선반 옆에 종이 아끼는 법과 재활용법을 게시해요(142~145쪽 참고).

10 학교 운동장에 텃밭을 만들어요.

퇴비 더미 만들기

퇴비 더미 만들기는
지구의 재활용 능력을
이용하는 손쉬운
방법이에요!

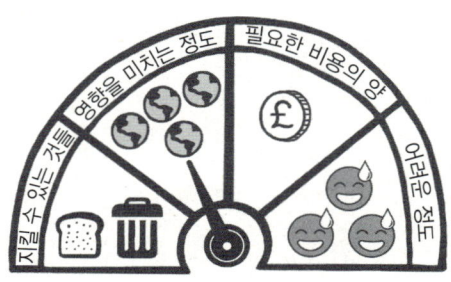

지구 계량기

퇴비 더미는 거대한 쓰레기 더미예요. '유기물 쓰레기'라면 좀 더 멋진 표현이 되죠. 과일 껍질, 딱딱해진 빵, 달걀 껍데기에서부터 잘린 풀, 종이, 마분지에 이르기까지 한때 살아있었던 모든 것을 던져 놓을 수 있어요. 잘린 머리카락도 분해시킬 수 있답니다! 모든 것을 한곳에 모아 거대한 더미를 이루면, 죽은 물질을 새 생명에 필요한 성분으로 변화시키는 천연 화학 작용의 속도가 빨라져요. 퇴비 더미는 지렁이, 민달팽이, 달팽이, 노래기, 뱀도마뱀, 심지어는 풀뱀까지 아주 생기 넘치는 동물들에게 따뜻한 집이 되어 줄 수도 있지요. 작은 사파리 공원에 들어갈 수 있는 공짜 표를 얻는 것과 같죠!

완성된 퇴비는 식물이 더 빠르고 쉽게 자라는 걸 도와줘요. 가게에서 파는 비료나 뿌리 덮개와는 달리 직접 만든 퇴비는 공짜랍니다! 비닐 포장도 없고 여러분의 집까지 배송하기 위해 에너지를 쓰지도 않아요. 퇴비는 절대 쓰레기가 아니라는 사실을 알게 될 거예요!

나만의 퇴비를 만들기 위한 최고의 방법

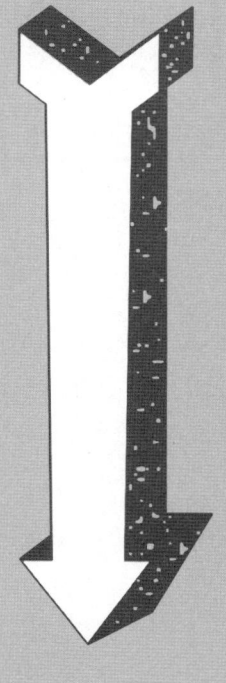

5. 쥐가 꼬이는 걸 막으려면 닭장용 철사나 철망을 깔고 그 위에 퇴비 더미를 만들어요. 벽과 덮개를 추가해도 되지만 공기가 많이 필요하다는 점 명심하세요.

4. 주방에 음식물 찌꺼기를 모으는 작은 통을 놔두고, 통이 어느 정도 채워지면 바로 퇴비 더미에 쏟아부어요. 음식물 쓰레기도 줄일 수 있답니다.

3. 끔찍한 해충이 꼬이는 것을 막으려면 고기, 기름, 치즈를 퇴비 통에 넣어서는 안 돼요.

2. 반려동물의 배설물도 퇴비 더미에 넣을 수 있어요. 단, 반려동물이 채식을 하는 경우에만 가능해요.

1. 폐기물들이 퇴비가 되면 텃밭에 골고루 흩뿌리거나, 집에서 키우는 식물에게 사용할 흙과 섞으면 돼요.

급하게
물 내리지 않기

여러분은 변기 물을
얼마나 자주 내리나요?
어떤 조사에서는
소변을 볼 때마다
물을 내린다고 말한 사람이
63퍼센트였어요.
과학자들은 이게 너무
많다고 말해요.

지구 계량기

우리가 집에서 쓰는 물의 4분의 1 이상이 변기에서 사라져요! 미국 인디애나대학교의 연구자들은 변기의 물을 너무 자주 내리지 않는 것이 물 사용량도, 사용 요금도 훨씬 빨리 줄일 수 있다는 걸 보여 주었어요. 양치를 하는 동안 수도꼭지를 잠그는 행동이나 심지어는 샤워를 짧게 하는 것(23쪽 참고)에 비하면요.

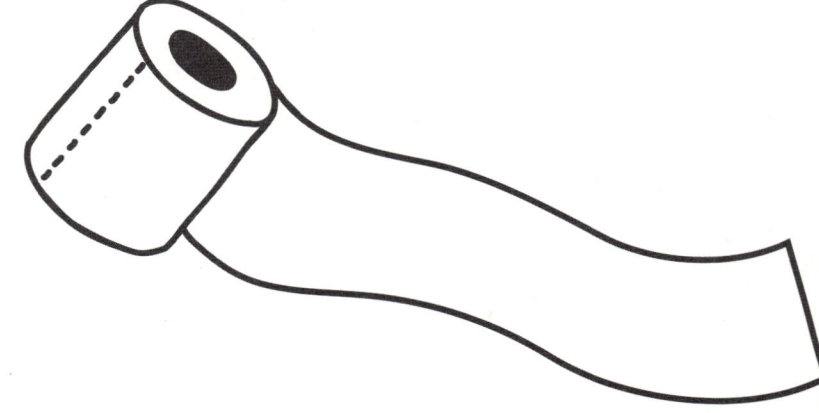

물이 노란색이면 익어 가게 내버려 두세요

과학을 통해 공식적으로 검증되었답니다!

가족들을 설득하기가 어려우면 다른 일을 할 수도 있어요. 변기 물탱크가 낡고 오래된 경우엔 필요 이상의 물이 채워지지 않도록 벽돌이나 공기를 채운 주머니를 넣어도 되는지 물어보세요.

몇몇 상수도 회사들은 이런 '하마'를 공짜로 제공해요. 이렇게 하면 물을 한 번 내릴 때마다 하루에 마시는 물보다 **더 많은 양**을 줄일 수 있어요.

첫 소변은 샤워하면서 보는 게 훨씬 쉬운 방법이죠! 최근 브라질과 영국에서는 이를 위한 캠페인이 벌어지고 있어요. 소변에는 세균이 전혀 없기 때문에 물이 흐르고 있다면 이 방법은 아주 깨끗하거든요. 어차피 모두 하수관으로 흘러들어 가게 되어 있어요. 하루에 한 번 샤워 중에 소변을 보면 1년에 2,500리터의 물을 아낄 수 있어요. 뜨거운 물로 욕조를 한가득 채울 수 있는 양이죠. 우린 절대 이 방법을 권장하진 않지만요. 뜨거운 물로 목욕을 하는 건 환경의 또 다른 적이에요!

샤워 시간이 길어질까 봐
걱정할 필요는 없어요.
사람은 소변을 보는 데
평균 21초면 되거든요!

포장지 사용을 줄여요

완벽한 친환경 선물을 계획했다면 몇 초 만에 찢겨 버려지는 포장지로 여러분의 계획을 망치지 말아요.

지구 계량기

영국에서는 크리스마스에만 40만 킬로미터에 달하는 포장지가 버려져요. 지구를 (적도를 중심으로) **10바퀴** 싸고도 남을 양이죠. 포장지를 재활용 쓰레기통에 넣는다고 해서 피해가 사라지지는 않아요. 대부분의 포장지에는 끈끈한 테이프는 말할 것도 없고 잉크, 플라스틱 필름*, 포일, 반짝이가 들어 있어서 재활용을 할 수가 없거든요. 대신 이런 아이디어에 도전해 보세요.

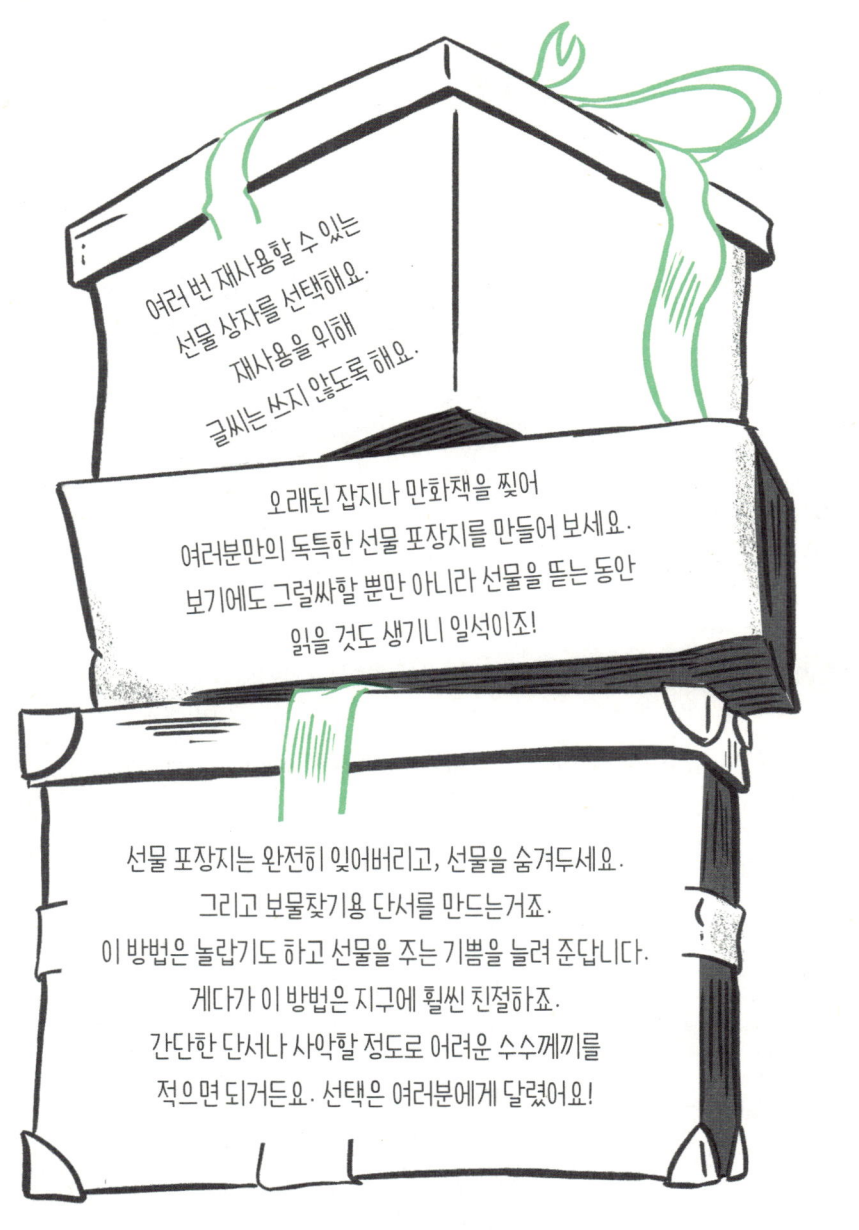

여러 번 재사용할 수 있는
선물 상자를 선택해요.
재사용을 위해
글씨는 쓰지 않도록 해요.

오래된 잡지나 만화책을 찢어
여러분만의 독특한 선물 포장지를 만들어 보세요.
보기에도 그럴싸할 뿐만 아니라 선물을 뜯는 동안
읽을 것도 생기니 일석이조!

선물 포장지는 완전히 잊어버리고, 선물을 숨겨두세요.
그리고 보물찾기용 단서를 만드는거죠.
이 방법은 놀랍기도 하고 선물을 주는 기쁨을 늘려 준답니다.
게다가 이 방법은 지구에 훨씬 친절하죠.
간단한 단서나 사악할 정도로 어려운 수수께끼를
적으면 되거든요. 선택은 여러분에게 달렸어요!

옷 바꿔 입기 파티

옷 바꿔 입기 파티는 지구에 스트레스를 주지 않고도 여러분의 옷장 분위기를 바꿀 수 있는 돈 안 드는 즐거운 방법이에요.

지구 계량기

번화가의 상점은 값싼 일회용 옷들로 가득해요. 그래서 쓰레기장도 이런 옷들로 가득하죠. 영국 쓰레기 자원 실천 프로그램(WRAP)의 조사에 따르면 패션은 주택, 교통, 음식(이건 아마 포기하기가 더 어려울 거예요!)에 이어 네 번째로 환경의 적이라고 해요.

**영국 사람들은 매년 1백만 톤이 넘는 옷을 구입해요.
감이 잘 안 오면 이런 식으로 상상해 보세요**

☆ 면, 나일론, 스팽글을 실은 트레일러트럭 22,727대.

이 모든 옷을 생산하는 과정에서…

☆ 아프가니스탄과 짐바브웨에서 만들어 내는 것만큼의 이산화 탄소가 대기 중으로 배출돼요.

☆ 10년간 매일 영국에 있는 모든 욕조를 채우고도 남을 만큼의 물을 사용해요.

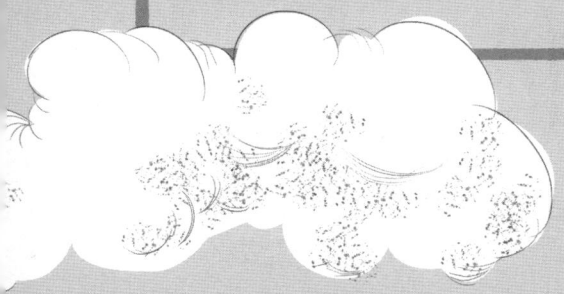

옷을 1톤 만들 때마다 폐기물 1.7톤이 발생해요. 여기에다가 2천60억 원의 가치에 달하는 옷 30만 톤이 매년 쓰레기 매립장으로 보내지죠.

패션에 대한 우리의 열정이 지구의 자원을 계속 빼앗지 않으려면, 우리는 옷을 더 사랑하고 아낄 필요가 있어요. 그러니까 조금씩 수선해서 입고, 같은 옷을 더 자주 입고, 옷을 더 오래 입어 쓰레기 매립장에 가지 않게 만드는 거죠. 다른 사람의 옷장에 있는 옷도 마찬가지예요. 이를 실천할 수 있는 가장 손쉬운 방법 중 하나가 바로 옷 바꿔 입기 파티예요.

영국 사람의 4분의 3이 입기 싫은 옷을
재활용하거나 기부하기보다는
그냥 버린다고 해요.

옷바꿔입기파티…

옷 바꿔 입기 파티를 위한 최고의 방법

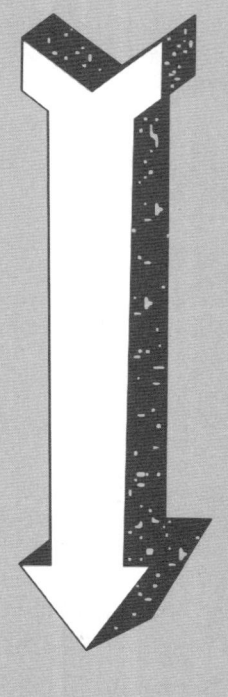

5. 날짜와 시간을 정한 뒤, 취향이 비슷한 친구들에게 인터넷 초대장을 보내요. 친구들에게 안 입는 옷 중 상태가 좋고 깨끗한 옷과 액세서리를 가져와 달라고 부탁해요.

4. 사람들이 도착하면 기부한 물건을 교환권과 바꿔 주세요. 종이 박스로 만든 진열대를 사용해도 좋아요.

3. 모든 사람이 둘러볼 수 있도록 기부된 물건을 모두 전시해요. 음료와 과자를 내놓아도 좋을 거예요.

2. 준비 되면 빨대(플라스틱 빨대 말고요!)를 뽑아서 누구부터 시작할지 결정해요. 순서에 맞춰 교환권을 '당신에게 새로운' 물건과 교환하세요.

1. 남는 물건이 있으면 가까운 중고 가게에 기부해요.

옷만 바꿔 입을 필요는 없어요.
액세서리, 책, 스포츠용품, 장난감,
그 외에 여러분이 한때 사랑했지만
이제는 싫증난 무엇이라도 상관없답니다.

정원을 난장판이 되게 내버려 두기

정원은
손을 덜 대는 게
더 좋아요.

야생 동물은
깔끔하게 잘려 나간 잔디를
가장 싫어해요.
잔디 깎기를 안전한 곳에
잘 넣어 두고 잡초는 신경 끄세요.

진짜 야생 정원을 위한 최고의 방법

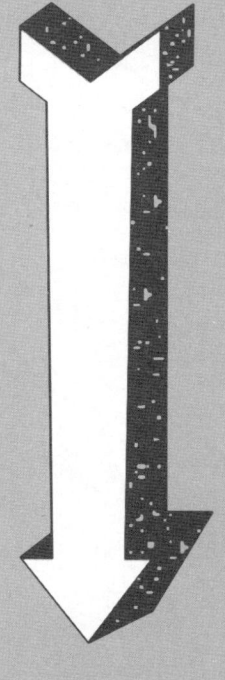

5. 여름철이 지나는 동안, 잔디와 풀 깎기를 멈추고 길게 자라도록 내버려 두세요. 1제곱미터 정도의 공간이라 해도 야생화가 자라고 작은 동물들이 숨을 장소가 생길 거예요.

4. (꿀과 꽃가루가 거의 없는) 원예용 꽃 대신 토착 야생화 씨앗을 흩뿌려서 풀밭의 경계를 만들어요. 꽃은 벌레를 유혹하고, 벌레는 다시 새와 박쥐를 유혹할 거예요.

3. 동물들이 정원 여기저기를 쉽게 통과할 수 있도록 벽과 울타리 아래 작은 구멍을 만들어요.

2. 낙엽과 죽은 나무는 정리하지 않고 내버려 두세요. 잎이나 나뭇가지, 통나무 더미는 겨울잠을 자는 동물들에게 안락한 집이 된답니다.

1. 작은 연못을 파서 평범한 정원을 야생 동물의 천국으로 변신시켜 보세요.

잠자는 동안 지구를 지키기

그 어느 때보다 많은 전기가 태양광, 풍력, 바이오매스*, 수력 등의 재생 에너지원으로 만들어지고 있어요. 하지만 아직 갈 길이 멀답니다.

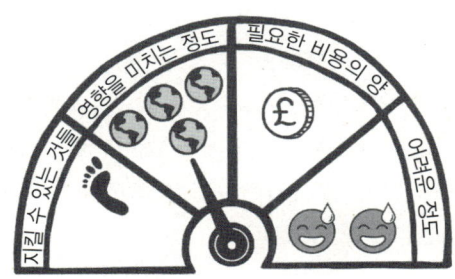

지구 계량기

이 '녹색' 전기의 대부분은 화창하거나 바람이 불 때만 만들 수 있어요. 갑자기 수요가 많을 때에는 화석 연료를 태워서 온실가스를 뿜어내는 발전소만이 급증한 수요를 감당할 수 있죠.

전기가 필요한 모든 집안일을 거부해 보세요. 그러니까 전력 소비량이 제일 많은 시간에만요! 대신 전력 수요가 적을 때 필요한 일을 해요. 주 전원을 이용하는 기기들도 마찬가지예요. 또한 전력 소비량이 많은 시간에 대기전력을 방치하지 않도록 해요.

일반적으로 전력 수요가 가장 많은 시간은 사람들이 학교와 직장에서 귀가해서 전등과 전기 주전자, 텔레비전, 전기 오븐을 켜는 늦은 오후와 이른 저녁이에요. 대부분 잠을 자는 밤에는 전기를 적게 쓰죠. 세탁기와 식기세척기를 돌리고, 태블릿과 핸드폰 같은 기기를 충전하기 좋은 때가 바로 이때랍니다. 미래에는 서로 데이터를 공유하고 수집할 수 있는 사물 인터넷, 즉 스마트 기기가 우리의 역할을 대신해 줄 수도 있어요. 그전까지는 우리가 직접 실천해야 해요. 영국에서는 아래 사이트에서 전기를 사용하기에 가장 좋은 시간대와 가장 나쁜 시간대를 확인할 수도 있대요.

WWF.ORG.UK/UPDATES/HOW-DO-YOU-MAKE-GREEN-CUP-TEA

아니면 여러분이 직접 전력 소비를 줄이는 법을 알아보면 어때요.

작은 변화처럼 보일 수도 있지만, 충분히 많은 가정이 실천하면 새로운 발전소를 덜 지어도 된다는 뜻이 될 수 있어요!

전 세계에서 생산되는
전기의 약 4분의 1이
재생 가능한 에너지원에서 온답니다.

숙제를 제출하지 않기

대신 이메일로 보내세요!
학교 과제의 경우, 선생님에게 화면으로 보는 양이 많을수록
지구를 지키는 데 도움이 된다고 이야기하세요.

매년 생산되는 종이는 4억 톤이 넘어요. 지구상에 있는 모든 사람에게 화장실 휴지 230개를 나눠 주는 것과 같은 양이죠. 물론 이 종이가 전부 화장실 휴지는 아니에요. 4분의 1 정도는 인쇄용 종이랍니다. 이 종이를 만들기 위해 매년 40억 그루의 나무를 쓰러뜨려요. 나무는 재생 가능하지만 종이를 만드는 데 들어가는 에너지, 물, 화학 물질은 엄청난 양의 탄소 발자국을 만든답니다.

지구 계량기

종이의 양을 줄이는 손쉬운 방법은 종이 낭비를 하지 않는 거예요. 일반적인 영국 가정이 매년 나무 여섯 그루에 달하는 종이를 없애는 동안, 미국에서는 매년 10억 그루 분량의 종이가 쓰레기통으로 사라져요. 종이의 3분의 2 정도는 재활용되는데, 물론 이건 멋진 일이에요. 하지만 종이는 여전히 쓰레기 매립장에서 가장 흔하게 볼 수 있는 품목 중 하나랍니다.

종이는 영국에 있는 학교들이 만들어 내는 주요 폐기물이기도 해요. 학교에서는 종이가 필요하죠. 생각을 나누고, 새로운 기술을 연습해 보고, 창의성을 발휘하려면요. 하지만 지구를 지키려면 다른 방법을 찾아야 해요. 아래 아이디어를 시도해 보세요.

☆ 선생님에게 이메일로 편지를 보내고 숙제를 내 달라고 제안해 보세요.

☆ 디지털 작업으로 숙제를 한 뒤, 이를 선생님에게 이메일로 제출해도 되는지 물어보세요.

☆ 메모와 연습을 할 때는 작은 화이트보드를 사용해요.

☆ 무언가를 복사하기보다는 사진을 찍은 뒤에 디지털로 저장해요.

☆ 종이는 항상 양면을 모두 사용하고, 새로운 연습장을 사용하기 전에는 쓰던 연습장을 전부 다 써요.

☆ 모든 교실에 메모지함을 설치하고, 메모지로 쓸 수 없는 모든 종이는 재활용해요.

☆ 인쇄하기 전에 이걸 화면으로 읽을 수 있을지 생각해 보세요.

☆ 필요한 쪽이나 부분만 인쇄해요.

☆ 양면 인쇄를 기본으로 설정해요.

☆ 오래된 그림이나 연습장을 포장지로 재사용하세요(어쨌든 중요한 건 생각하는 마음이니까요…).

펄프와 제지 산업은 세계에서
다섯 번째로 큰 에너지 소비자예요.
전 세계 에너지 소비량의
4퍼센트를 차지한답니다!

새가 되기

벌레는 모두 어디로 사라졌을까요? 여러분만 궁금한 게 아니에요. 새들은 아마 더 궁금할걸요. 새들은 매끼마다 징그러운 벌레를 먹어야 하거든요.

지구 계량기

옛날에는 드라이브를 오래하면 항상 자동차 앞 유리가 벌레들로 범벅이 되곤 했어요. 하지만 요즘 차들은 예전보다는 훨씬 깨끗하게 유지되지요. 만일 여러분이 세차 담당자라면 이건 좋은 소식이지겠지만 지구에게는 끔찍한 소식이에요.

대규모로 이루어진 한 연구에 따르면 유럽에서는 곤충의 수가 빠르게 줄고 있다고 해요. 1989년에는 독일의 한 자연 보존 구역에서만 꽃등에 17,291마리가 덫에 잡혔어요. 그런데 2014년에는 같은 덫에 겨우 2,737마리만 잡혔죠. 이는 곤충들의 서식지가 줄어들고, 토지를 이용하는 방식이 바뀌고, 농가에서 들판에 화학 물질을 쏟아 붓고 있기 때문이에요. 이건 곤충들에게만 나쁜 소식이 아니에요. 다른 많은 동물들, 특히 벌레를 먹고 살아가는 새들에게도 아주아주 나쁜 소식이죠.

마당에 새 모이통을 놔두면 새들을 도울 수 있어요. 이보다 더 좋은 소식은 뭘까요? 바로 고물로 쉽게 만들 수 있다는 거죠. 지구를 돕는 또 하나의 방법인 거 알고 있죠? 나만의 모이통을 만드는 방법은 두 가지예요. 어른에게 도움을 청해도 좋아요.

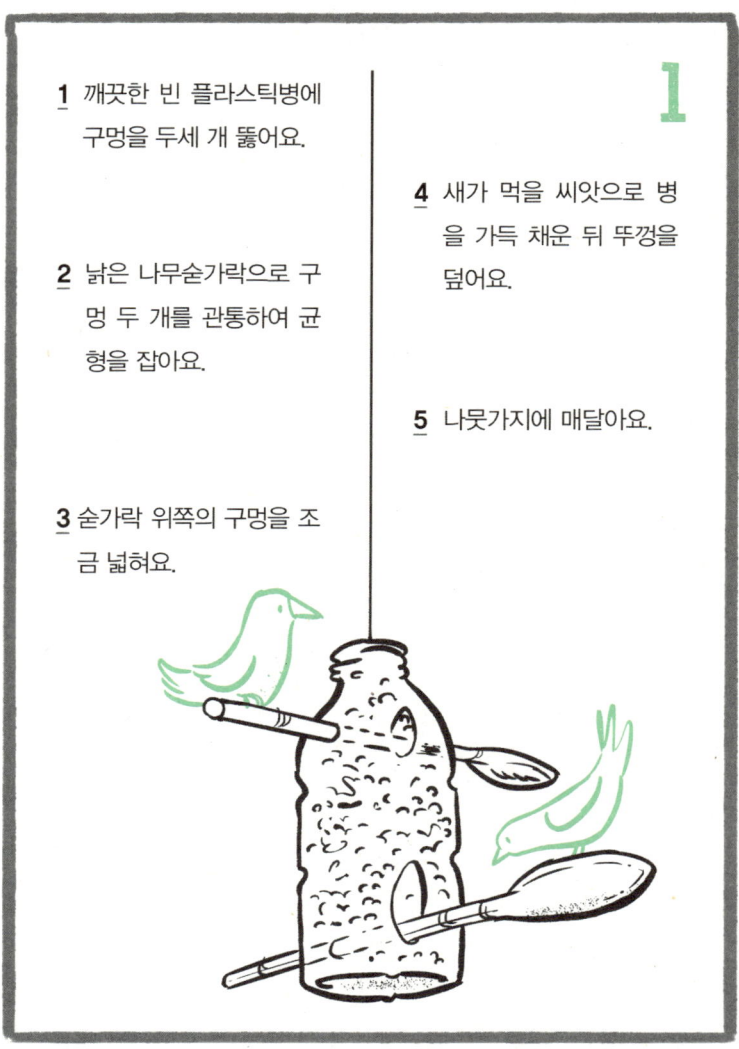

1

1 깨끗한 빈 플라스틱병에 구멍을 두세 개 뚫어요.

2 낡은 나무숟가락으로 구멍 두 개를 관통하여 균형을 잡아요.

3 숟가락 위쪽의 구멍을 조금 넓혀요.

4 새가 먹을 씨앗으로 병을 가득 채운 뒤 뚜껑을 덮어요.

5 나뭇가지에 매달아요.

2

1 깨끗한 빈 플라스틱 우유 병 옆에 구멍을 한 개 만 들어요.

2 큰 구멍 바로 아래 작은 구멍을 낸 뒤 작은 막대 나 연필을 고정시켜요.

3 새가 먹을 씨앗으로 아 랫부분을 채운 뒤 뚜껑 을 덮고 나뭇가지에 매 달아요.

빗물 통 이용하기

비 오는 날은 그냥
비 오는 날이 아니에요.
공짜로 물을 얻는 날이죠!
공짜 물을 사용하는 법을
알려 줄게요.

지구 계량기

자전거 경기장에 놀러간 날 마침 나흘째 내리는 비 때문에 경기가 취소되었다면 기분이 안 좋을 거예요. 하지만 빗물은 소중하고 귀한 자원이에요. 지구상의 물 중 97퍼센트 이상이 소금물이니까요.

바다는 우주에서는 아름다워 보이지만, 땅 위에서 살고 있는 650만 종의 식물과 동물이 갈증을 해소하는 데에는 도움이 안 돼요.

우리가 마실 수 있는 건 2.5퍼센트 혹은 1천60만 제곱킬로미터의 담수*뿐이에요. 많은 것 같지만 이걸 10개의 잔에 들어 있는 물이라고 생각해 보죠.

일곱 잔 가까이는 눈과 얼음으로 얼어 있어요 ·················

세 잔 이상은 지하에 숨어 있어요 ·····························

그러면 호수, 습지, 강, 저수지, 하천에서
발견되는 몇 방울의 물만 남게 되죠 ·························

…그리고 우린 이걸 나눠 써야 해요.

세계 인구의 절반 가까이는 이미 물이 부족한 곳에 살고 있어요. 그리고 비가 많이 오는 영국과 같은 나라에서조차 비는 주로 여름철에만 내리죠. 이래서 물이 세계에서 가장 값진 자원 중 하나인 거예요.

단 한 방울이라도 물을 아끼면 도움이 돼요. 빗물 통에 투자해서 **물**이라는 **보물**을 공짜로 수확한다면 더욱 좋죠!

물을 보존하는 최고의 방법

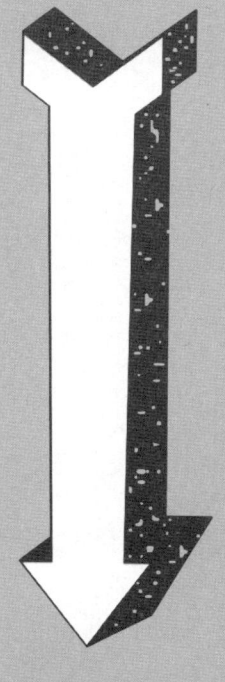

5. 빗물을 모을 수 있는 가장 손쉬운 방법은 빗물 통이에요. 여러분이 사는 지역에 맞게 빗물 통을 하나 설치할 수 있는지 확인해 보세요. 일반적으로 홈통*을 타고 내려오는 모든 물을 모을 수 있는 도구 세트의 형태로 나와요.

4. 동물이나 작은 닭이 안에 빠지지 않도록 덮개가 있는지 확인해요. 표면에 식용유를 작은 숟가락으로 하나 넣어서 모기나 각다귀가 알을 낳지 못하게 해요.

3. 식물에게는 우리가 마시는 물을 줄 필요가 없어요. 사실 빗물이 더 이로울 수 있답니다. 물총에 빗물을 가득 채운 뒤 집에서 기르는 식물을 충분히 적셔 주세요.

2. 빗물을 이용해서 세차를 하거나 변기 물로 사용해요!

1. 모아 놓은 빗물을 마시거나 물장난하지 않도록 해요.

매년 지붕 한 곳에 10만 리터의
빗물이 떨어져요!
그리고 이 빗물은 대부분
하수구로 직행하죠.

나무를 껴안는 사람이 되기

지금 당장 환경을 보존하려면, 나무를 한 그루 심는 것보다 더 좋은 일은 없어요. 나무를 심을 수 없다면 입양하세요!

지구 계량기

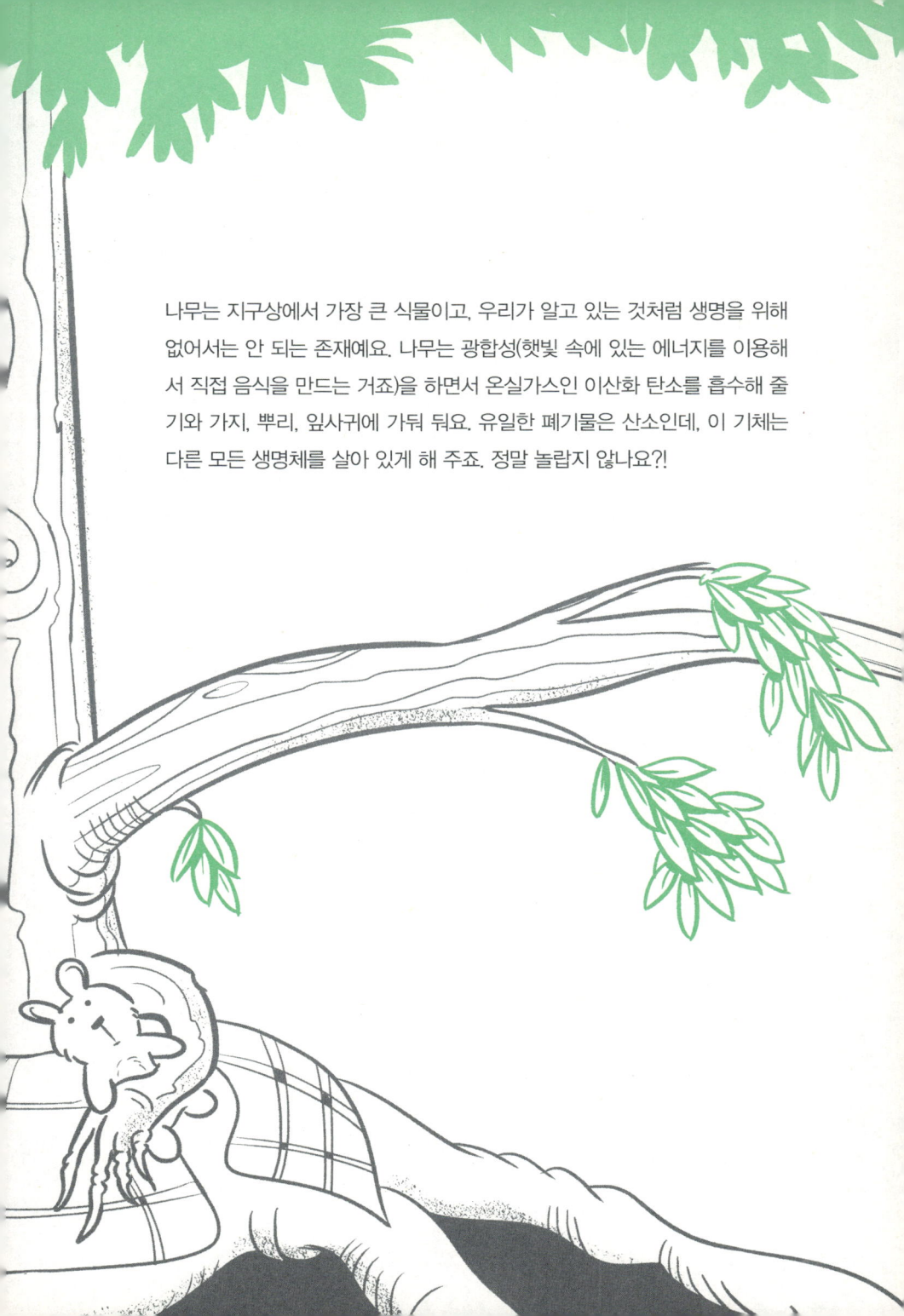

나무는 지구상에서 가장 큰 식물이고, 우리가 알고 있는 것처럼 생명을 위해 없어서는 안 되는 존재예요. 나무는 광합성(햇빛 속에 있는 에너지를 이용해서 직접 음식을 만드는 거죠)을 하면서 온실가스인 이산화 탄소를 흡수해 줄기와 가지, 뿌리, 잎사귀에 가둬 둬요. 유일한 폐기물은 산소인데, 이 기체는 다른 모든 생명체를 살아 있게 해 주죠. 정말 놀랍지 않나요?!

나무의 울창한 가지와 잎은 다른 방식으로도 공기를 맑게 해 줘요. 먼지와 위험한 오염 물질을 잡고 있다가 비가 오면 씻겨 가게 하거든요. 그리고 토양 침식과 홍수, 가뭄으로부터 생명들의 서식지를 보호하고, 수백만 개의 다른 생명체들에게 서식지를 제공해요.

나무는 수백만 년 동안 인간의 쉴 곳과 도구, 불에 필요한 재료를 제공했어요. 약과 악기, 가구, 종이, 고무, 코르크 같은 것들은 물론이고 심지어 맹수들에게 쫓겼을 때 몸을 숨길 수 있는 좋은 장소도요. 나무가 할 수 있는 일에 한계가 있을까요? 아니요. 나무를 바라보기만 해도 스트레스가 줄어드는 데 도움이 될 수 있다는 것도 과학을 통해 입증되었죠! 물론 우리가 하이에나에게 쫓기지 않는다면 말이에요.

마당에서든 매주 찾을 수 있는 가까운 어디에서든 입양할 나무를 정해요. 그런 다음에는 그냥… 바라보는 거예요. 6년 동안 나무가 어떻게 변하는지 관찰하면서요. 어떤 생물에게 집이 되어 주는지 살펴보세요(참나무 한 그루가 500가지 종을 품을 수도 있어요!). 그러니까 그냥 식물 하나를 입양하는 게 아니라 **생태계** 전체를 입양하게 되는 거죠!

나의 나무에게 사랑을 선물하는 10가지 방법

<u>1</u> 안아 줘요.

<u>2</u> 나무 위에 올라가요(안전하고 적당하다면요. 그리고 항상 어른에게 관리 감독을 부탁해요).

<u>3</u> 크기를 재요. 100~200미터쯤 떨어진 곳에 서서 엄지를 나무 둥치 아래쪽에, 검지를 나무 맨 윗부분에 대고 마치 나무를 쥐려고 하는 것처럼 손을 내밀어요. (엄지는 아직 나무 둥치 아래쪽에 유지한 상태로) 두 손가락의 간격을 유지한 채 손을 조심스럽게 돌려서 검지가 땅바닥에 닿도록 해요. 검지가 가리킨 지점을 표시해 두었다가 그 지점과 나무둥치 사이의 실제 거리를 측정하여 나무의 높이를 알아내요.

<u>4</u> 특징을 확인해요. 잎의 형태와 크기 같은 단서들을 이용하고, 이를 책에 나오는 그림들과 비교해요.

<u>5</u> 보존해요. 잎을 가지고 탁본을 뜨거나, 잎을 모아서 신문이나 마분지 사이에 끼워서 눌러 둬요.

<u>6</u> 매주 같은 장소에서 나무의 사진을 찍어 액자에 넣어요. 디지털화를 해도 좋아요. 1년간 찍은 사진을 모아서 나무가 어떻게 변하는지를 보여 주는 한 장의 이미지를 만들어요.

<u>7</u> 예술 작품을 만들어요. 낙엽, 침엽, 날개 모양의 열매, 솔방울처럼 나무에서 얻을 수 있는 재료를 가지고 자연 예술 작품을 창조해요.

<u>8</u> 과학 활동을 해요. **미소환경***을 찾아내고 그 안에 누가 숨어 있는지 알아봐요. 나무껍질에 있는 틈, 뿌리 사이의 구멍, 잎의 뒷면, '혹병'*이라는 못생기고 불거져 나온 부분을 찾아봐요.

<u>9</u> 나무를 번식시켜요. (주인에게 허락을 얻을 수 있는 경우) 나무에서 꺾꽂이 순을 잘라서 선물로 나눠 줘요.

<u>10</u> 나무를 심어요. 환경에 더 이로운 행동을 하고 싶다면 나의 나무를 심어요.

분필 놀이

21세기 사람들에게는 지루함을 느끼는 순간 새로운 '물건'을 사는 나쁜 습관이 있어요. 새로운 걸 찾는 대신 옛날 것을 다시 들춰 보는 건 어떨까요?

플라스틱 다트 총, 비닐로 된 작은 수영장, 플라스틱 스포츠 장비가 없던 시절에 사람들은 뭘 하면서 놀았을까요? 그래요. 굴렁쇠 굴리기나 돼지오줌통 축구가 다시 인기를 얻지는 못할 거예요. 하지만 다시 들춰 볼만한 것도 있죠. 특히 환경에 더 친절한 놀이들이라면요.

지구 계량기

분필을 생각해 보세요. 분필은 석고나 석회로 만든 천연 물질이에요. 그러니까 밖에서 가지고 놀아도 야생 동식물에게 해롭지 않다는 말이죠. 다 쓰고 났을 때 쓰레기도 거의 나오지 않고, 재활용이 가능한 간단한 포장지에 싸여서 나올 때가 많아요. 색깔 분필 한 통에 투자하면 여러분은 새 장난감 없이도 나만의 놀이를 만들 수 있어요.

탄산칼슘* 놀이를 위한 최고의 방법

 **5.** 플라스틱 칠판을 사는 대신 벽에 분필로 목표를 적어요.

 **4.** 진입로나 마당에 여러 가지 보드게임을 분필로 그려요.

 **3.** 분필을 이용하여 마당에 친환경적인 보물찾기용 단서를 설치해요.

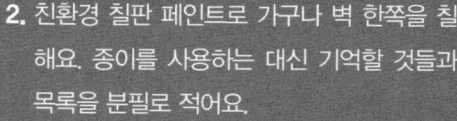 **2.** 친환경 칠판 페인트로 가구나 벽 한쪽을 칠해요. 종이를 사용하는 대신 기억할 것들과 목록을 분필로 적어요.

 **1.** 분필과 물을 섞은 뒤 나만의 (임시) 벽화를 그려요.

공공 보도블록이나 벽에는
분필로 낙서를 하지 않도록 해요.
어떤 나라에서는 이런 행동이
불법이랍니다.

산책할 때 비닐봉지 들고 가기

비닐봉지가 환경을 망치는
악당이 아닐 때는 언제일까요?
바로 역할을 바꿔서
이 세상에서 쓰레기를
없애는 걸 도와줄 때죠!

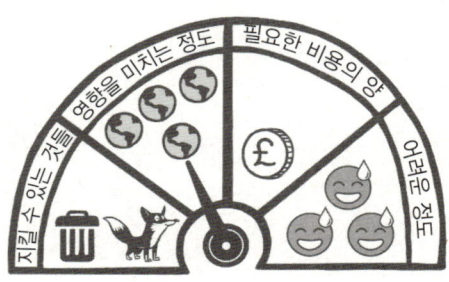

지구 계량기

쓰레기는 야생 동식물에게 좋지 않아요. 보기에도 불쾌하고, 아름다운 산책로를 쓰레기를 더 많이 버리는 보행 금지구역으로 바꿔 버리죠.

영국에서 주로 버려지는 쓰레기는 과자 봉지, 음료수 캔, 병과 뚜껑, 그리고 패스트푸드 포장지예요. 여러분이 거들 수 있는 가장 손쉬운 방법 중 하나는 당연히 쓰레기를 버리지 않는 거죠. 하지만 자기가 쓰레기를 버렸다고 인정하는 사람 62퍼센트(세 명 중 거의 두 명 꼴이에요)의 뒤를 깨끗이 치우는 일을 도우면 훨씬 더 큰 영향을 미칠 수 있어요.

자연을 정돈하는 일은 여러분의 침대를 정돈하는 것보다 훨씬 재밌어요! 멋진 장비를 차고, 쓰레기 줍는 기계를 사용하거나 심지어는 보물찾기처럼 작업을 할 수도 있죠. 그러니까 다음번에 비닐봉지를 들고 집에 갈 일이 생기면 걸어서 가도록 하세요. 공원 산책도 좋고 숲에서 어슬렁거리는 것도 좋고, 집 옆에 있는 손바닥만한 땅을 5분 만에 빨리 한 바퀴 도는 것도 좋아요. 목표는 그 비닐봉지를 쓰레기로 가득 채우는 거예요. 여러분이 쓰레기를 하나 주울 때마다 새가 풍선을 먹고 질식하거나, 뒤쥐가 비닐봉지 안에서 숨이 막히거나, 고슴도치의 머리가 식품 용기 안에 끼는 일을 막을 수 있어요. 이 정돈이 생명을 살릴 수 있답니다!

영국에서는 매일 2백만 개가 넘는
쓰레기가 버려져요. 영국에서 쓰레기를
무단으로 버리는 행위가 범죄이고,
벌금 혹은 그 이상의 벌을 받을 수 있다는 점을
생각하면 이건 참 충격적인 일이죠.

쓰레기 처리 대작전을 위한 최고의 방법

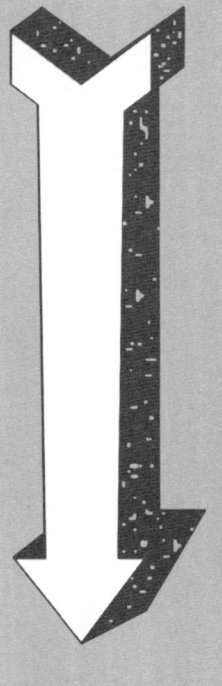

5. 비닐봉지 두 개를 준비해 재활용 가능한 쓰레기와 재활용이 불가능한 쓰레기를 구분해요.

4. 세탁소 옷걸이를 오각형으로 구부려서 비닐봉지의 입구를 벌려요.

3. 집단적으로 이루어지는 쓰레기 줍기 행사나 '2분 해변 청소' 같은 실제 행사에 참여할 기회를 알아보세요. 수집한 쓰레기를 서로 비교해 보는 것도 재밌어요!

2. 최대한 많은 쓰레기를 재활용해요(쓰레기를 주울 때부터 분리해 놓으면 일이 훨씬 쉬워져요).

1. 안전에 유의해요. 다음 쪽에 있는 조언을 읽어보세요.

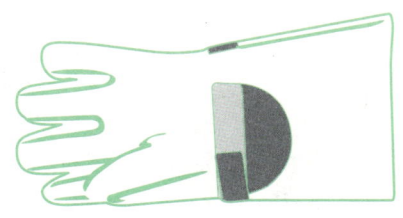

안전에 유의하기

쓰레기를 주우러 갈 때는 절대 혼자서 가지 않도록 해요. 항상 한 명 이상의 어른과 함께 가도록 하세요(어른들은 쓰레기를 운반하는 데도 도움이 돼요!). 보호용 의류와 밝은색의 옷을 입고 튼튼한 장갑을 끼도록 해요(정원용 장갑이 이 일에는 아주 좋아요). 깨진 유리는 절대 만지지 말아요. 무단 투기한 쓰레기나 주사기 같은 것을 발견했다면 경찰에 신고하고, 그곳에서는 쓰레기 수집을 중단해요. 쓰레기 줍기에 안전한 장소를 선택하고 도로는 피하도록 해요. 쓰레기를 주우면서 동시에 차량을 신경 쓰기는 힘들 테니까요. 일이 다 끝나고 나면 비누와 물로 손을 아주 잘 씻도록 해요. 장갑을 사용했어도 말이죠.

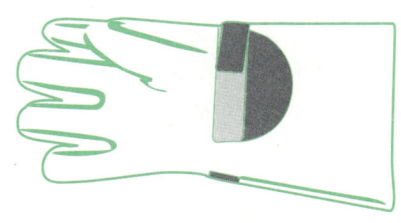

'감사 카드는 이제 그만'이라고 말하기

선물을 받는 건 참 즐거운 일이에요. 특히나 그게 친환경적인 선물이라면 말이죠(50~51쪽 참고). 하지만 감사 카드를 잊었다고 죄책감을 느낄 필요는 없어요!

지구 계량기

자, 이제 죄책감과 작별 인사를 해요! 감사를 전하기 위해서든 생일을 축하하기 위해서든 카드를 보내지 않을 때마다 여러분은 지구에 아주 큰 호의를 베풀고 있는 거예요.

카드를 만드는 데 들어가는 종이만 문제인 건 아니에요. 그 화려한 색깔의 그림을 만들어 내고, 광이 나는 코팅을 하고, 가게에서 눈에 띄게 하려고 반짝이와 이름표를 풀로 붙이는 데 들어가는 모든 에너지와 화학 물질이 문제죠. 그리고 설상가상으로 많은 카드들이 비닐봉지에 든 채로 팔린답니다.

카드를 살 수밖에 없다면 계속 유지되고 사용할 수 있는 삼림의 나무나 재생 종이로 만들어진 카드를 찾아보세요. 아니면 좋아하는 누군가에게 마음을 전할 수 있는 다른 대안을 시도해 봐도 아주 좋을 거예요.

카드를 사지 않고 마음을 전하는 10가지 대안

1 전화를 해요.

2 이메일 카드나 영상 인사를 보내요. 돈을 들이지 않고 할 수 있는 앱을 찾아보세요.

3 집에서 구할 수 있는 재료를 이용해서 직접 카드를 만들어요.

4 카드 대신 편지나 그림을 보내요.

5 봉투 없이 엽서를 보내요. 봉투의 풀도 환경에 영향을 미친답니다.

6 카드 대신 분필로 특별한 메시지를 적어요(104~105쪽 참고).

7 케이크나 컵케이크를 몇 개 구워서 장식해요. 카드보다 더 귀여워요(그리고 맛있죠!).

8 좋아하는 사진을 인화해서 뒷면에 메시지를 적어요.

9 고대 로마인들을 흉내 내서 음, 잎사귀를 보내요! 로마인들은 올리브나무와 월계수나무 가지를 교환하곤 했지만 여러분은 누군가에게 심을 수 있는 꺾꽂이용 순을 선물할 수 있어요.

10 받은 카드를 가지고 있다가 감사의 마음을 전할 때 그 그림을 재사용해요.

미국 사람들은 세상에서 감사 카드를 제일 많이 보내요.
2010년대에 미국 사람들은 매년 70억 장의 카드를 샀어요.
무려 75억 달러어치나 되죠!

감자칩을
더 많이 먹기!

어두운 곳에 조용히 있으면 감자는 정말로 무해해 보여요. 하지만 지구를 파괴하는 데 한몫하고 있죠.

지구 계량기

감자는 전체 식품 중에서 탄소 발자국이 열 번째로 큰 음식이에요. 여러분의 가족이 먹는 감자 1킬로그램 당 이산화 탄소 2.9킬로그램에 해당하는 온실가스가 대기 중으로 배출된답니다. 단백질이 풍부한 다른 식물성 식품보다 더 많은 양이죠.

이 배출량의 80퍼센트 이상이 감자를 조리하는 데 들어가는 에너지와 시간 때문이에요. 커다란 감자를 1시간 동안 굽는 건 오븐에서 20분간 감자칩을 만드는 것보다 환경에 훨씬 나쁩니다.

그러니까 감자칩을 더 많이 먹으세요. 이건 과학적인 이야기예요!

의류 폐기물에서 면 구하기

지구 계량기

운동복에서부터 기념품, 교복에 이르기까지 여러분의 옷장에는 면티가 두어 장은 걸려 있을 거예요. 그걸 무심하게 넘기면 안 돼요. 면티는 지구를 천천히 파괴하고 있거든요.

면은 식물로 만들어요. 그래서 합성 섬유보다 환경에 더 좋을 것 같죠? 반드시 그런 건 아니에요. 목화는 지구상에서 유지 관리에 가장 많이 신경을 써야 하는 작물에 속해요. 말하자면 식물 중에서도 화려한 연예인이나 영국의 왕족쯤 되는 거죠. 그러면 이해가 될까요? 면티 하나를 만들려면 물 2,700리터가 들어가요. 사람이 약 **2.5년** 동안 마실 수 있는 양이죠. 다른 작물보다 살충제도 더 많이 써요. 누군가가 글씨가 적힌 티를 입을 수 있으려면 땅에 화학 물질을 한 통씩 들이부어야 하는 거죠.

면은 옷장에 들어간다고 해서 끝난 게 아니에요. 영국 사람들은 보통 청바지를 두세 번 정도 입고 난 뒤에 세탁을 해요. 단 한 벌의 청바지가 생을 마감하기 전까지 세탁에만 들어가는 물이 750리터 정도 된다고 해요.

면을 더 이상 일회용이라고 생각하지 마세요. 이제는 참가하지 않는 스포츠 팀에서 받은 티에서부터 얼룩이 지워지지 않는 티, 혹은 사람들 앞에서 입느니 차라리 죽는 게 나을 정도로 부끄러운 티셔츠에 이르기까지… 더 이상 입지 않지만 기부를 하기도, 옷 바꿔 입기(72~75쪽 참고)를 하기도 어려운 면 옷이 하나 이상은 있을 거예요. 이런 면이 쓰레기가 되지 않게 할 수 있는 다른 방법을 찾아볼까요? 크기에 따라 이런 아이디어를 시도해 봐요.

면의 수명을 늘리기 위한 최고의 방법

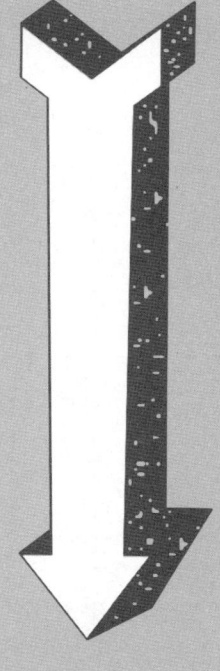

5. 빨래 바구니에 던져 넣기 전에 티셔츠와 청바지를 한 번씩만 더 입으면, 집에 있는 면이 환경에 미치는 영향을 줄일 수 있어요(그 옷을 입고 진흙 구덩이에서 달리기를 하지 않았다면 말이죠!). 세탁을 조금이라도 적게 하면 옷의 수명이 길어지는 데에도 도움이 될 거예요.

4. 탄소 발자국을 줄이기 위해 면 옷을 세탁기로 건조시키거나 다림질을 하지 않도록 해요.

3. 면 셔츠는 잘 해지지 않아요. 티셔츠가 작아졌거나 그냥 싫증이 났다면 목선이나 소매를 새로운 길이로 잘라 보세요. 짠! 새로운 옷이 됐어요!

2. 오래된 면 옷을 잘라서 긴 끈으로 만든 뒤 땋아요. 즉석에서 머리띠, 벨트, 반려동물 장난감이 완성된답니다.

1. 폼폼 만드는 법을 찾아봐요. 그리고 울 대신 면 끈을 쓰는 거예요. 가위, 안 쓰는 마분지, 매듭을 묶을 수 있는 능력만 있으면 돼요. 폼폼을 엮어서 가랜드를 만들거나 오래된 쿠션을 장식하거나 스펀지 대신 써 보세요.

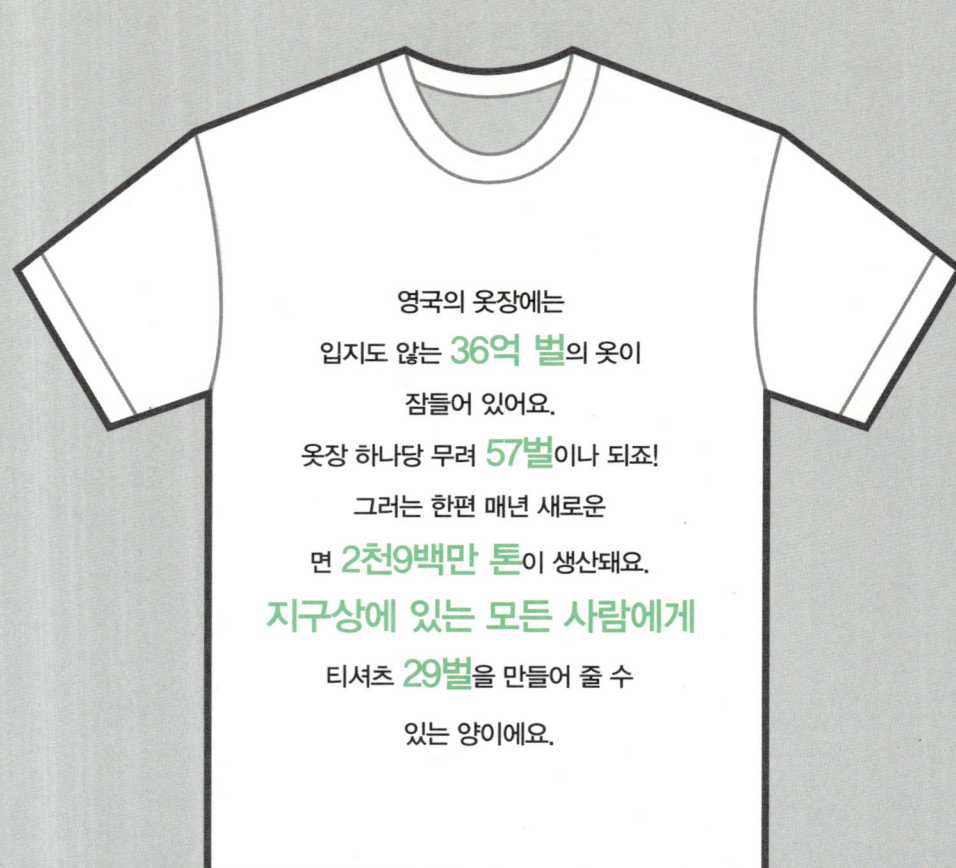

고물을 핫초코와
바꿔 먹기

"버리지 말고 고쳐쓰자"
수선 카페를 찾으세요!
만약 찾을 수 없으면
직접 시작하세요.

지구 계량기

충전기나 플러그가 있는 물건을 버리기 전에 두 번 생각해 보세요. 유엔은 전자 폐기물이 환경과 인간의 건강에 큰 위협이라고 경고하고 있어요. 그런데도 우리는 매년 전자 폐기물을 5천만 톤 정도씩 만들어 내고 있어요.

핸드폰, 노트북, 텔레비전, 전기 장난감, 꼬마전구, 전자책, 램프로 이루어진 이 산더미에는 금, 은, 구리, 백금 같은 값진 소재들이 한가득이에요. 고물이 아니라 보물에 더 가깝죠! 그 어떤 물건도 반짝이는 보물 상자처럼 보이지는 않아요. 하지만 1년 동안 버려진 전자 폐기물을 모아 놓으면, 소생시켜서 재사용할 수 있는 소재가 58조 원어치나 들어 있어요.

사람들은 고쳐 쓸 수 있는 물건들을 버리기도 해요. 그래서 수선 카페가 필요한 거죠. 전 세계에는 고장 난 물건을 고쳐 주는 자원봉사자들이 운영하는 수선 카페가 1,500군데 넘게 있어요. 게다가 공짜예요! 수선 카페의 목적은 쓰레기 매립장으로 가는 폐기물의 양과 새로운 물건을 구입하는 것으로 발생하는 탄소 발자국을 줄이는 거예요.

수선 카페에서 전자 제품만 수리해 주는 건 아니에요. 자전거와 봉제완구에서부터 청바지, 보석 등 뭐든지 고칠 수 있어요. 여러분이 따뜻한 음료를 마시면서 쉬고 있는 동안에요. 여러분이 직접 새로운 기술을 배울 수도 있어요. 그러면 여러분은 그 지식을 다른 사람에게 알려 줄 수 있겠죠.

영국의 경우는 수선 카페 사이트
REPAIRCAFE.ORG에
들어가면 사는 곳에
수선 카페가 있는지 없는지 확인할 수 있대요.
만약 없다면 학교나 청소년 단체에
직접 카페를 시작할 수 있을지 물어보고요.
지방 의회의 도움을 받을 수도 있다고 해요.

외풍을 막는 사람들

틈을 조심하기

여러분의 동네에 뭔가 이상한 게 있어요. 조용하고 눈에 보이진 않아요. 하지만 여러분을 소름 끼치게 만들고 등줄기를 타고 전율을 느끼게 하죠. 누구에게 연락할 거죠? 그건 바로 외풍을 막는 사람들이에요!

지구 계량기

외풍은 작을 수도 있지만, 집채만큼 커질 수도 있어요. 아무리 작은 틈이라 해도 따뜻한 공기를 밖으로 새어 나가게 하고, 그 자리에 찬 공기가 흘러들어 오게 만들 수 있지요. 그러면 방 안의 온도가 떨어지고, 보일러는 연료를 더 많이 태워야 하죠! 외풍은 우리가 실제보다 더 춥다고 느끼게 만들어서 난방 온도를 올리고 싶게 해요.

외풍 사냥은 재밌어요! 추운 날(바람까지 불면 훨씬 좋아요)을 기다렸다가 아래와 같은 외풍 위험 구역 근처에 깃털을 대 보세요.

☆ 바깥 출입문

☆ 열쇠 구멍

☆ 우편함

☆ 다락 출입문

☆ 지하실 문

☆ 사용하지 않는 굴뚝

☆ 창문

☆ 고양이 문

☆ 마루 사이에 있는 틈

☆ 굽도리널* 사이에 있는 틈

☆ 욕조 패널 뒤쪽

☆ 파이프가 집 밖으로 빠져나가는 모든 곳

찬바람이 느껴지거나 깃털이 흔들리면 행동에 들어가요. 외풍 차단 용품을 살 수도 있지만 신문지를 말아서 작은 틈을 막는 것도 간편해요. 틈이 더 큰 경우에는 낡은 스타킹이나 스키니 바지 한쪽 다리 부분을 천이나 종잇조각으로 채워서 외풍 차단 용품을 만들어요. 러그나 담요를 돌돌 말아서 써도 좋을 거예요. 쓸모없는 재료를 재사용할 수도 있으니 일석이조죠! 틈을 메우세요. 그러면 난방 온도를 낮추고 에너지 요금을 아낄 수 있을 거예요. 여러분의 독특한 스웨터 기금에도 좋은 소식이고요(140~141쪽 참고).

> 구멍 있는 벽돌이나 환풍기처럼 작은
> 환기용 장치들까지 너무 열심히 틈을 메우지는 마세요.
> 이런 장치들은 신선한 공기를 순환시키는
> 중요한 일을 하고 있답니다.

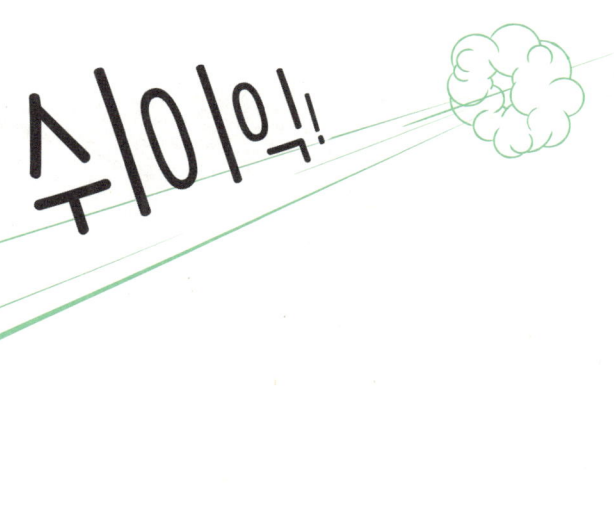

바다거북처럼 생각하기

비닐봉지와 해파리는
뭐가 다를까요?
농담하는 게 아니에요.
거북은 그 차이를
정말로 몰라요.
그래서 거북들이 목숨을
잃고 있어요.

지구 계량기

비닐봉지는 사용 기간이 평균 12분이에요.
이런 물건을 500년간 지속되는 비닐로 만드는 건
완전히 합리적인 행동이죠. 그렇죠?

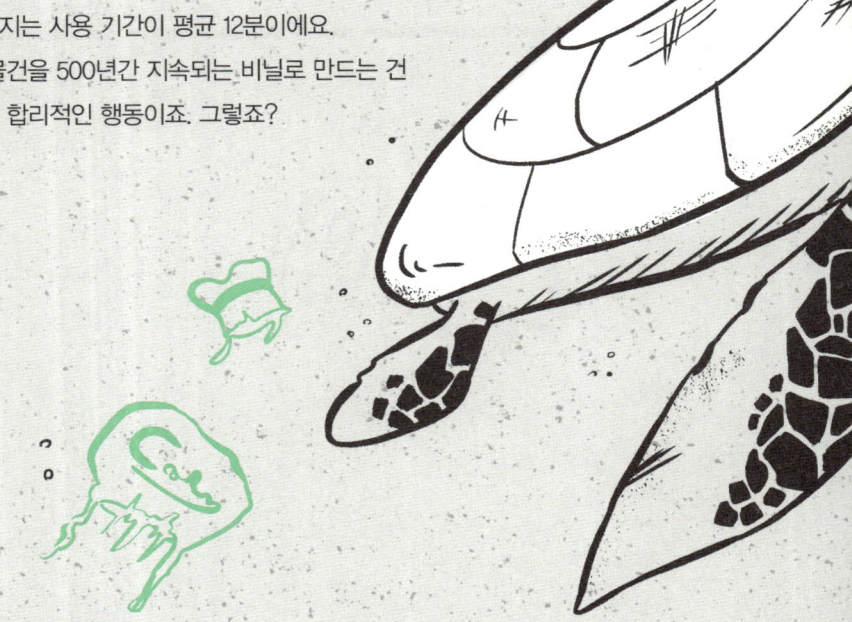

이 논리에서 오류를 찾았나요? 축하해요. 이제 여러분은 세계 인구 대부분보다 한발 앞서게 되었네요. 매년 전 세계에서 사용되는 일회용 비닐봉지는 1조 개에 달해요. 그러니까 분당 거의 2백만 개인 거죠!

비닐봉지는 슬픈 이야기의 시작점이에요. 매년 지구상의 큰 바다로 약 8백만 톤의 비닐이 떠밀려 와요. 비닐봉지보다 작은 동물들은 그 안에 갇혀서 숨이 막혀 죽죠. 큰 동물들이라고 해서 상황이 더 나은 건 아니에요. 상어나 물개는 손이 없기 때문에 목에 걸린 봉지를 벗겨 내지 못해요. 비닐봉지가 물고기의 아가미를 막으면, 그 물고기는 더 이상 물에서 산소를 호흡하지 못해 질식하죠.

해양 동물들은 점점 많은 양의 비닐을 먹고 있어요. 바닷새에 대한 한 연구에 따르면 열에 아홉 마리 꼴로 위 안에 비닐이 들어 있대요. 적은 양도 아니에요. 새 한 마리당 36장이 넘어요! 거북과 부리고래들은 비닐봉지를 해파리나 오징어로 착각하고 먹는다고 해요. 육식을 하지 않는 여과 섭식* 고래들마저도 거대한 입 속으로 흘러들어 온 비닐봉지들을 삼키고 있어요. 전 세계적으로 1백만 마리의 바닷새와 10만 마리의 바다 포유류와 바다거북들이 매년 비닐봉지를 먹고 죽어요.

나쁜 소식은 우리 모두가 이 문제에 책임이 있다는 거예요. 좋은 소식은 우리 모두가 이 문제를 해결하는 데 힘을 보탤 수 있다는 거죠. 작은 변화도 모이면 큰 차이가 돼요. 쇼핑을 하러 갈 때마다 천 가방이나 배낭을 가져가요. 간식은 음식용 비닐봉지 대신 재사용할 수 있는 도시락 통에 넣어 다니도록 해요. 다음번에 가게 점원이 '봉지 필요하세요?'라고 물어보면 여러분의 내면에 있는 바다거북을 떠올리고 필요 없다고 말해 보세요.

전 세계 정부들은 비닐봉지 사용을 제한하기 위해
금지령이나 요금을 도입하고 있고, 정말 효과가 있어요.
아무리 작은 책임이라도 큰 차이를 만들 수 있어요.
영국에서는 요금이 도입되기 전에 보통 한 사람이
매년 비닐봉지 140개 정도를 사용했어요.
1년 만에 이 숫자가 매년 25개 정도로 줄어들었죠.
하지만 우리는 이보다 더 잘 할 수 있어요.
25년 넘게 비닐봉지에 세금을 매기고 있는 덴마크에서는
한 사람이 매년 사용하는 비닐봉지가
겨우 네 개 정도밖에 안 돼요.

자전거(나 스케이트나 킥보드) 타고 다니기

여러분이 자동차에 탈 때마다 내뿜는 배기가스는 온실가스와 그밖에 여러 가지 나쁜 흔적을 남겨요.

지구 계량기

여기에는 수백 가지 화학 물질로 된 작은 물방울들과 입자들도 있고, 일산화 탄소 같은 유독 가스도 있어요. 이 중 어떤 입자들은 너무 작아서 인간의 머리카락 한 올 위에 가로로 줄 10개를 세울 수 있을 정도래요(여러분에게 정말로 작은 핀셋이 있기만 하다면요). 이런 것들을 피할 방법은 없어요. 시간이 지나면 우리의 폐에 쌓여서 건강에 심각한 피해를 줄 수 있죠. 여러분의 폐는 아직 자라는 중이기 때문에 특히 위험해요.

이런 형태의 공기 오염은 워낙 심각한 문제라서 어떤 곳에서는 공회전(차량이 움직이지 않을 때 엔진을 켜 두는 것)이 불법이에요. 실험에 따르면 차 안에 있다고 해서 더 나은 것도 아니래요. 사실 자동차 뒷좌석의 공기는 바깥 공기보다 12배나 더 오염되어 있기도 해요. 자동차의 환기 시스템이 바깥 도로에서 빨아들인 매연을 차 안에 갇혀 있게 만들기 때문이죠.

한 가지 해결 방법은 자동차를 적게 타고, 자전거를 타거나 걷는 거예요. 일단 다른 사람이 태워 주는 것도 포함해서 한 주 동안 차를 타고 움직일 때마다 기록을 해 두세요. 조금 일찍 출발했다면, 여러분은 바퀴가 두 개 달린 자전거 아니면 두 다리 중 어느 것을 이용했을까요? 그 다음 주에는 최소 한 번은 걷거나 자전거 타기로 바꿔 보세요. 그러면 여러분도 변화를 일으킬 수 있을 거예요.

영국 사람들 중에서 42퍼센트가
자전거를 가지고 있지만,
1년에 자전거를 한 번도 타지 않는 사람이 3분의 2나 돼요.
영국의 어린이는 보통 1년에 자전거를
열세 번밖에 타지 않는답니다.

안전에 유의해요. 여러분의 자전거가
도로에서 타기에 적합한지 확인해 봐요.
자전거를 탈 때는 항상 밝은색이나
반사가 되는 옷을 입고 헬멧을 착용하고요.
길을 건널 때는 조심하고, 날이 어두워지면 라이트를 켜요.

인상을 남길 수 있는 옷차림

이건 이 책에서 가장 쉬운 과제예요. 어쩌면 이미 여러분이 하고 있는 일일지도 모르겠네요!

지구 계량기

난방기나 에어컨이 돌아가는 소리가 들릴 때마다 그게 못생긴 티라노사우루스라고 생각해 보세요. 집을 따뜻하고 시원하게 만드는 일은 트리케라톱스를 발음하는 것보다 더 빠른 속도로 에너지를 집어 삼켜요. 그리고 이 에너지의 대부분은 아직도 화석 연료에서 만들어지죠. 직접적인 방식으로든 전기를 만들기 위해서든 말이에요.

만일 집이 너무 덥거나 너무 춥게 느껴진다면 난방기를 돌리기 전에 옷장을 둘러 보세요. 추울 때는 스웨터나 양털 옷을 입어요. 이런 옷을 꼭 밖에서만 입어야 하는 건 아니에요! 더울 때에는 에어컨을 켜기 전에 옷을 몇 겹 벗어 보세요.

여러분이 할 수 있는 쉬운 방법이 몇 가지 더 있어요. 젖은 옷이나 수건을 난방기에 올려 건조시키지 않는 거예요. 이렇게 하면 방의 온도가 낮아지고 보일러가 더 힘들게 돌아가거든요. 대신 난방기 근처에 간이침대를 놔두세요. 난방기를 커튼과 가구에서 멀리 떨어뜨려 놓고, 바깥이 어두워지면 블라인드나 커튼을 쳐요. 그래야 열기가 도망가지 않아요.

그래도 너무너무 춥다면 난방기 역시 스웨터를 입고 있는지 확인해 보면 어떨까요? 온수탱크와 노출된 관 주위에 단열재를 둘러 주면 물은 더 오랫동안 따뜻하게 유지되고, 여러분의 보일러가 쉴 수 있답니다(니트 재질의 단열재보다는 발포 재질의 단열재를 사용하세요). 이렇게 하면 에너지 사용량과 요금을 쉽게 줄일 수 있어요. 한번 생각해 봐요. 남는 돈으로 예쁘고 폭신폭신한 스웨터를 살 수도 있잖아요!

우리 집 대장이 되세요

재활용 대장이요!
어디서든 모두
시작해야 해요.

지구 계량기

재활용 대장이 되기로 결심했다면 여러분은 사람들이 쓰레기통에 접근하지 못하게 해야 돼요. 두 가지 방법이 있어요. 하나는 더운 날 쓰레기통 안에 날생선이나 잘 숙성된 치즈를 넣어 놓는 거죠. 효과는 있겠지만 부엌 환경이 좋아지진 않겠네요. 아니면 동네에 버려지는 쓰레기 중에 재활용 가능한 것과 가능하지 않은 것을 철저하게 조사한 뒤, **모든 곳에** 재활용 가능한 것을 알려 주는 종이를 붙여 두는 거예요.

여러분은 집으로 들어오는 모든 물건을 다 알 수는 없지만
나가는 걸 막을 수는 있어요!

쓰레기를 퇴치하기 위한 최고의 방법

5
한 달간 쓰레기 수거일마다 여러분의 집에서 얼마나 많은 쓰레기 봉지가 나오는지 관찰한 뒤, 줄일 수 있을지 생각해 보세요.

음하하하 음하하하 음하하하

4
가족들이 버리는 쓰레기의 유형을 모두 기록하세요. 금속, 퇴비로 만들 수 있는 쓰레기, 유리, 플라스틱, 조리된 음식, 카드, 건전지… 집계한 목록을 쓰레기통 옆에 붙여주면 끝! 이 일은 정말 쉬워요.

음하하하 음하하하 음하하하

3
목록이 완성되면 여러분의 가족이 어느 목록의 재활용을 잘할 수 있을지 확인하세요. 그다음 가족들에게 정말로 나를 사랑한다면, 여러분이 물려받게 된 지구를 지키기 위해 새로운 규칙을 따라야 할 것이라고 이야기하세요.

음하하하 음하하하 음하하하

음하하하 음하하하
음하하하

음하하하
음하하하
하하

2

주방에 과일, 채소 껍질, 커피 가루,
차 봉지를 담는 작은 통이 있는지
확인해요. 이런 내용물들을 가지고
퇴비 더미를 만들기 시작해요(65쪽 참고).

음하하하 음하하하
음하하하

음하하하 음하하하
음하하하

1

쓰레기통 옆에 종이 상자를 놓고,
한쪽 면만 쓴 종이를 모아요.
그런 다음 이 종이로 프린트를 해요.

꿈에 그리던 나만의 은신처를 설계하기

업사이클링*은
지구(또는 여러분의 용돈)를
희생시키지 않고도
특별한 장소를 만들 수 있는
훌륭한 방법이에요.

지구 계량기

집에서 에너지 효율성을 높이는 방법을 생각하면 보통 난방열과 전기를 아끼는 게 먼저 떠오를 거예요(81~83쪽과 140~141쪽 참고). 하지만 여러분의 모든 '물건'에도 탄소 발자국이 있어요.

가구와 꼬마전구, 빈백* 의자와 보드게임까지 우리는 좋은 물건 사는 것을 좋아해요. 그리고 입는 옷이 늘 변하듯 우리의 취향도 꾸준히 변하죠. 갓난아기 시절부터 쓰던 가구를 계속 쓰고 싶어 하는 10대들은 없어요(물론 더 이상 크기도 맞지 않겠죠).

영국인들이 매년 버리는 가구와 그 밖의 덩치가 큰 폐기물만 160만 톤이 넘어요. 싱글 매트리스 **8천8백만 개**에 달하는 무게죠. 심지어 공주와 완두콩*에 나오는 공주라도 매트리스가 그 정도로 쌓여 있으면, 그 아래 완두콩이 깔려 있는 걸 느낄 수 없을 거예요!

이 덩치 큰 폐기물의 대부분은 소각되거나 쓰레기 매립장에 파묻혀요. 하지만 가구는 재사용할 수 있는 가능성이 아주 크답니다. 사실 어떤 연구는 영국에서 쓰레기 매립장으로 보내진 덩치 큰 폐기물의 **절반이** 재사용될 수 있다는 것을 보여 주기도 했어요. 이게 실현될 수만 있으면 새로운 가구를 살 필요도 줄어들겠죠.

업사이클링은 일석이조예요. 여러분은 낡은 가구나 고물상에서 발견한 물건을 완전히 새것처럼 만들거나, 나다운 놀라운 것으로 100퍼센트 변신시킬 수 있거든요.

★ 공주와 완두콩: 진정한 공주를 아내로 맞고 싶은 왕자가 어느 한 공주가 묵을 방에 완두콩 한 알을 올려놓은 다음 매트리스 12개, 오리털 매트 12겹을 깔고 자도록 했대요. 다음날 공주는 무언가 등에 걸려 제대로 잠을 잘 수 없었다고 했고, 민감하고 예민한 공주야말로 백성을 생각하는 진정한 공주라 판단한 왕자가 공주를 아내로 맞았다고 합니다.

쉬운 업사이클링 프로젝트 10가지

1 친환경 칠판 페인트를 가구의 모든 면 혹은 일부에 칠해서 낙서할 수 있는 공간을 만들어요.

2 알록달록한 마스킹 테이프를 가지고 낡은 가구에 색깔과 무늬를 입혀요.

3 색종이로 귀여운 작품을 만들어서 장식해요. 색색의 종이학에서부터 무서운 타란툴라에 이르기까지. 종이를 접어서 여러분의 (종이) 배에 태울만한 건 뭐든지 만들 수 있어요.

4 중고 의자를 찾아봐요. 여러분이 좋아하는 천과 스테이플러 총을 이용하면 쉽게 새것 같은 커버를 만들 수 있어요.

5 여러 가지 방식으로 사용할 수 있는 '고물'을 찾아봐요. 화분이나 철제 쓰레기통을 뒤집으면 침대 옆에 놓을 멋진 탁자가 될 수 있죠.

<u>6</u> 중고 가게에서 산 그림 액자를 밝은색으로 칠한 뒤 나만의 갤러리를 만들어요.

<u>7</u> 벽지를 이용해서 오래된 서랍장이나 옷장을 변신시켜 보세요. 벽지라고 해서 꼭 벽에만 붙이라는 법은 없으니까요!

<u>8</u> 오래된 램프 갓을 버리는 대신 천으로 된 커버를 벗기고, 금속 틀에 칠을 한 뒤 와트 수가 낮은 전구를 끼워요.

<u>9</u> 월별 계획표 한 장을 액자에 끼워 놓으면, 그 위에 지울 수 있는 펜으로 여러 번에 걸쳐 쓸 수 있어요.

<u>10</u> 끈과 나무로 된 집게 핀을 이용해서 사진을 전시해요.

둥글게 둥글게 원을 그리기

이 세상 인구가 76억 명이라는 건 발이 152억 개라는 뜻이에요! 여러분의 발로 쓰레기 문제를 해결해 봐요.

지구 계량기

우리가 구입하는 대부분의 물건은 아래와 같은 식으로 움직여요.

원재료 → 공장 → 가게 → 집 → 폐기

어떤 물건이 고장 나면 우린 다른 물건을 사요. 사실 많은 물건들이 일정한 기간이 지나면 고장 나거나 수리하기 힘들게 만들어져 있어요. 컴퓨터 칩은 제한된 수명을 프로그램화하기 편하게 해 주죠. 이건 경제발전에는 도움이 돼요. 사람들이 다시 가게에 가서 자꾸 물건을 사게 만드니까요. 하지만 지구에는 끔찍한 일이에요.

그렇다면 이 직선을 원으로 만들어 보면 어떨까요?

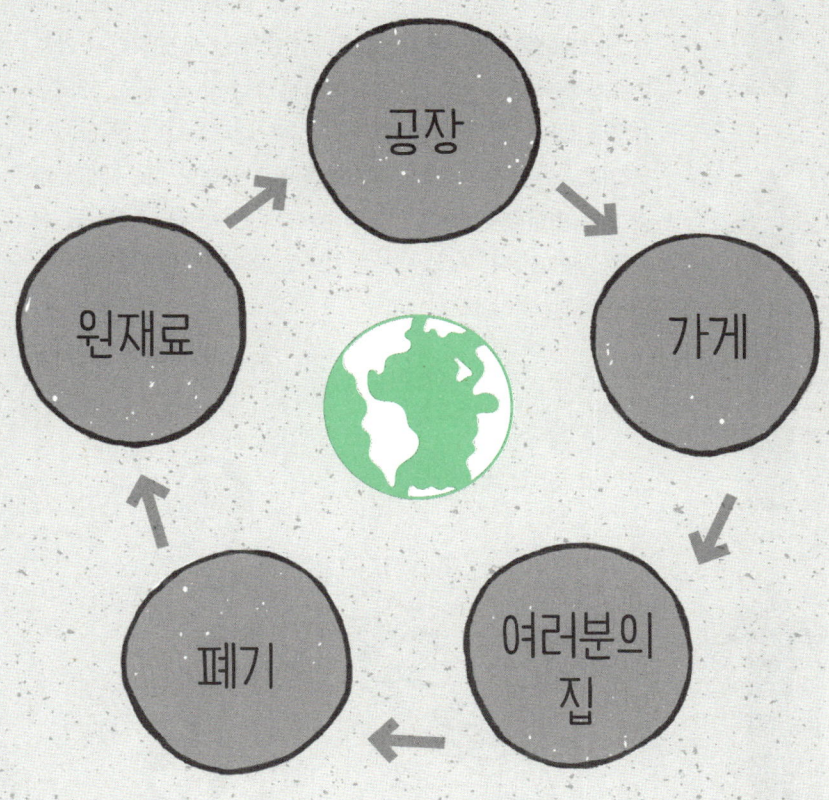

이런 걸 **순환경제**라고 해요. 기업은 계속 돈을 벌고 사람들도 월급을 받지만 쓰레기는 줄어들어요. 이게 가능하려면 제품을 설계할 때부터 재활용에 대한 고민이 미리 이루어져야 해요. 그리고 고객들에게 이미 중고가 되었거나 고장 난 물건을 다시 가져오라고 설득해야 해요. 그래야 재료를 회수할 수 있고, 새로운 제품을 다시 처음부터 만들 필요가 없으니까요. 여러분 근처에 등장하고 있는 순환경제의 신호들을 한번 찾아보세요. 재활용할 수 있는 병과 캔을 가져가면 여러분에게 돈을 주거나 헌옷을 재사용, 재판매 혹은 재활용할 수 있도록 돌려주면 할인을 해 주는 가게들처럼 말이에요.

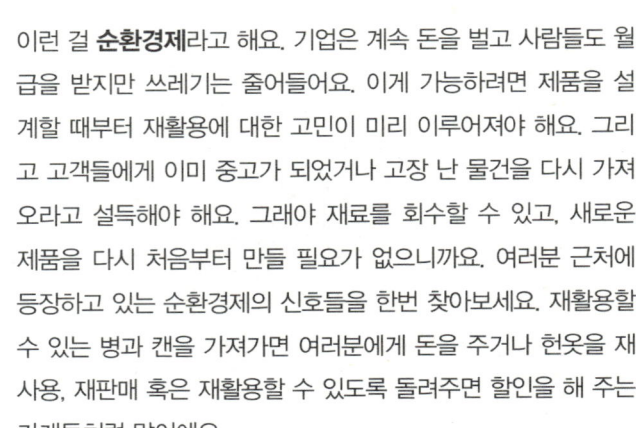

가장 재밌는 계획 중에 운동화에 대한 게 있어요. 전 세계에서 매년 2백억 켤레가 넘는 운동화가 생산되지만 이 중에서 재활용 되는 건 5퍼센트도 안 돼요. 스포츠 인피니티 같은 프로젝트는 이런 상황을 바꿔서 절대 쓰레기통 신세를 지지 않을 운동화를 만들려고 하죠.

해지지 않는 3D 슈퍼 재질로 만든 축구화를 상상해 봐요. 여러분이 좋아하는 축구 선수가 이 신발을 다 신고 나면, 1그램 단위로 분해한 뒤에 다시 가공해서 새로운 운동화를 만드는 거예요. 바로 여러분을 위해서요!

메시가 신었던 신발을 재활용해서 여러분이 신으려면 시간이 좀 걸릴 거예요. 그때까지는 재활용된 재료로 만든 다른 운동화를 찾아보세요. 몰디브 해변에서 수입한 플라스틱 폐기물로 만든 운동화 같은 거요! 멋도 있고 지구도 지킬 수 있답니다.

지금
소리 지르기!

학교를 졸업한 후 지구를 지키겠다는 생각은 하지 마세요.
그러면 너무 늦을지도 몰라요.
여러분은 지금 환경 운동가가 될 수 있어요.

우리에게 닥친 가장 커다란 문제를 해결하려고 하는
놀라운 꼬마들을 한번 만나 볼까요?

지구 계량기

펠릭스 핑크바이너는 겨우 9살에 나무 1백만 그루 심기 운동을 시작했어요. 10년이 지난 현재 펠릭스는 〈지구를 위한 나무 심기〉라는 단체를 운영하고 있고, 전 세계에서 나이 어린 '기후 정의 대사' 6만 7천여 명을 모집했어요. 펠릭스는 원래 세웠던 목표량을 쉽게 달성하고, 지금은 전 세계에 1조 그루의 나무를 심겠다는 목표를 위해 달리고 있답니다!

펠릭스의 팀:

WWW.PLANT-FOR-THE-PLANET.ORG

앤 마코신스키는 7살 때부터 발명을 시작했어요. 몸의 열로 에너지를 얻는 손전등과 핸드폰을 충전할 수 있는 찻잔을 발명해 상을 받고, 전 세계에서 강연을 하기 시작했죠. 다 10대에 해낸 일이랍니다!

ANNMAKOSINSKI.COM

시우테즈칼 마르티네즈는 6살에 환경 운동을 처음 시작했어요. 전 세계에서 100번이 넘는 행사를 조직했고, 유엔 회의에서 가장 어린 나이에 연설을 한 사람들 중 하나죠. 〈지구 지킴이들〉이라는 밴드의 청년 기획자이기도 해요. 시우테즈칼은 이런 질문을 던지죠. "여러분이 나서지 않는다면 누가 하겠어요?"

XIUHTEZCATL.COM/MY-STORY

엘라와 **에이미 믹**은 플라스틱이 물속에 있는 생명체에게 얼마나 나쁜 영향을 미치는지를 알고 충격을 받았어요. 이 친구들은 플라스틱 쓰레기 10만 개를 수거했을뿐만 아니라, 일회용 플라스틱의 문제를 알리기 위해 〈플라스틱에 반대하는 어린이들〉이라는 단체를 만들었어요. 이 친구들은 〈플라스틱에 반대하는 어린이들〉과 함께 지구를 위해 싸울 더 많은 친구들을 찾고 있어요.

CLEARPLASTICUK.NET

뭔가 자극이 되었나요? 여러분은 이미 진행 중인 캠페인에 참여할 수도 있고, 앞장서서 새로운 캠페인을 만들 수도 있어요. 학교에서 플라스틱 물병을 금지하는 캠페인은 어떨까요? 아니면 모든 사람이 걸어서 등교하는 캠페인? 동네를 청소하는 캠페인? 이 책이 여러분에게 아이디어를 줄 수도 있지만, 꼭 따라야 할 필요는 없어요. 그러니까 독창적인 환경 영웅이 되어 보세요!

어떤 일에 집중할지 결정을 했으면 아래 3가지를 시도해 보세요.

☆ 기금 모금을 위한 활동 같은 행사를 운영하거나 여러분이 만든 물건을 팔거나, 공연 티켓을 팔아서 기금을 마련하세요.

☆ 힘 있는 사람들의 관심을 얻으세요. 이런 사람들은 규칙과 법을 바꿀 수 있는 자리에 있어요. **여러분의 목소리**를 대변하기 위해 선출되기도 했죠. 그러니 이런 사람들에게 편지를 쓰거나, 어른에게 만남을 주선해 달라고 부탁한 뒤 이들에게 여러분의 생각을 전하세요.

☆ 여러분의 캠페인을 알리세요. 여러분이 행사를 조직하거나 어떤 멋진 일을 해냈을 때마다 지역 언론에 이 소식을 알릴 수 있도록 어른에게 도움을 청하세요. 신문사, 지역 라디오, 텔레비전, 그리고 어린이 잡지에 보도 자료를 보내세요.

발자국만 남기기

멸종 위기에 처한
동물의 이름을
몇 개 정도 알고 있나요?

지구 계량기

아마 여러분은 국제자연보존연맹의 **적색 목록***에 올라 있는 **13,267종** 전부를 나열하지는 못할 거예요. 우리는 보통 멸종 위기에 처한 동물이라고 하면 북극곰, 코뿔소, 호랑이를 떠올려요. 하지만 대부분은 크기가 훨씬 작고, 우리와 가까이에 있답니다.

영국의 멸종 위기 종으로는 물쥐, 종다리, 내터잭두꺼비, 그리고 여러 가지 호박벌과 나비, 딱정벌레들이 있어요. 만일 우리가 우리와 가장 가까운 이웃들을 보호하지 않으면 이 동물들은 한때 영국에서 어슬렁거리던 불곰과 늑대, 스라소니와 같은 불행한 최후를 맞게 될 거예요.

여러분이 북극행 비행기에 뛰어 올라서 북극곰을 구할 수는 없겠지만, 여러분이 사는 동네의 야생 동물들에게는 큰 변화를 선물할 수 있어요. 자연을 탐험할 때마다 이런 방법을 한번 따라 해 봐요. 정말 식은 죽 먹기예요!

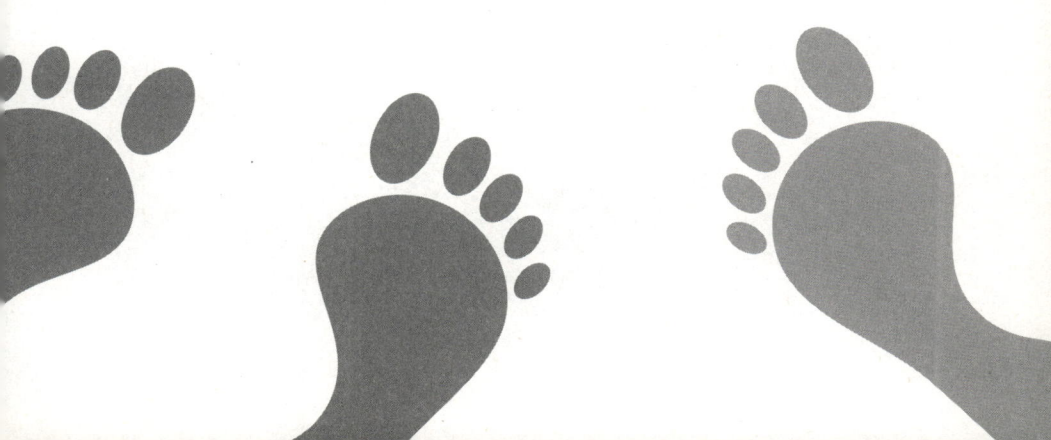

여러분의 이웃을 보살피기 위한 최고의 방법

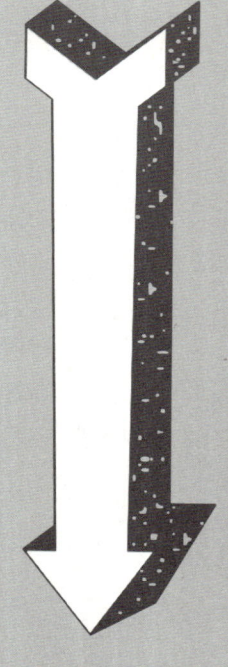

5. 아무리 생분해가 가능한 음식물 쓰레기라 해도 모든 쓰레기는 집으로 가져와요. 사과 씨든 케이크 부스러기든 뭐든 간에 여러분이 남긴 모든 것은 생태계를 괴롭힐 수 있어요.

4. 야생 동물에게 꼭 필요한 식물들이 다치지 않도록 정해진 산책로만 걸어요.

3. 개가 앞서 걷게 해요.

2. 야생화를 꺾지 않도록 해요. 이건 매우 중요한 일이라서 많은 곳에서 불법이에요.

1. 나무껍질을 벗기거나 껍질에 여러분의 이름을 새기지 않도록 해요.

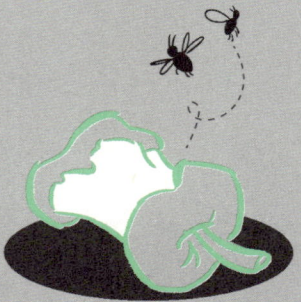

국제자연보존연맹이 만든
멸종 위기 동물 목록인 '적색 목록'은
지구의 생명체 중에서 5퍼센트만 조사한 결과로
작성한 것이라고 해요. 그러니까 위기에 처한 종의 숫자는
그것보다 훨씬 더 많을 거예요.

시민 과학자가 되기

지렁이, 펭귄,
기생파리의
공통점은 뭘까요?

지구 계량기

모두 시민 과학자들이 지켜보고 있다는 점이에요! 시민 과학자는 이 세상과 야생 동식물에 관심을 가진 일반적인 사람들이에요. 이들은 연구자들이 아무리 똑똑한 교수라 해도 혼자서는 완료할 수 없는 방대한 양의 데이터를 수집하거나 분석할 수 있도록 도움을 줘요.

시민 과학은 거의 사람들의 힘으로 이루어져요. 여러분의 관찰은 과학자들이 지구에 대한 큰 질문의 답을 찾고, 우리에게 지구를 보호하는 방법을 가르쳐 주는 데 도움을 줄 수 있어요.

공부를 할 필요는 없어요. 호기심을 갖고 인터넷에 접속만 하면 돼요(지렁이를 만질 필요는 없어요). 여러분이 어떤 프로젝트에 참여하게 되면 구체적인 과제를 수행하라는 요청을 받게 될 거예요. 로봇이 찍은 사진 속의 펭귄(귀여워라!)이나 플라스틱 쓰레기(별로 귀엽진 않죠!)에 태그를 달 수도 있어요. 꿀벌을 '좀비'로 만들어 버리는 기생파리에게 감염된 벌들을 보살필 수도 있고요. 아니면 여러분의 마당에서 지렁이를 세서 그 결과를 앱에 기록할 수도 있어요.

새로운 프로젝트가 자주 시작되기 때문에 여러분은 다음번에 어떤 일을 하게 될지 절대 미리 알 수는 없어요. '시민 과학'이라고 검색해 보거나, 아래의 링크에 들어가서 찾아보세요.

여러분의 과학 활동과
기생파리 사냥을 시작하려면
아래의 웹사이트를 방문해요

SCISTARTER.COM

ZOONIVERSE.ORG

WWW.NHM.AC.UK/TAKE-PART/CITIZEN-SCIENCE.HTML

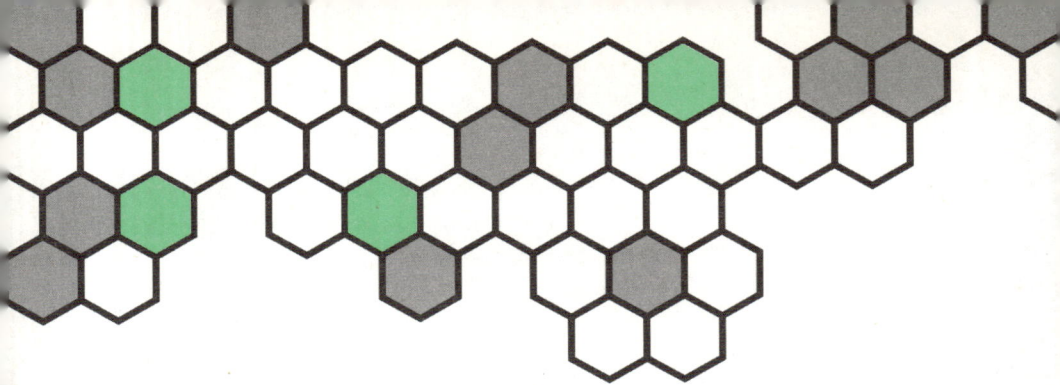

신화를 믿지 마세요

기생파리 때문이 아니라도(165쪽 참고) 요즘은 벌로 살아가기에 그다지 행복한 시대가 아니에요.

지구 계량기

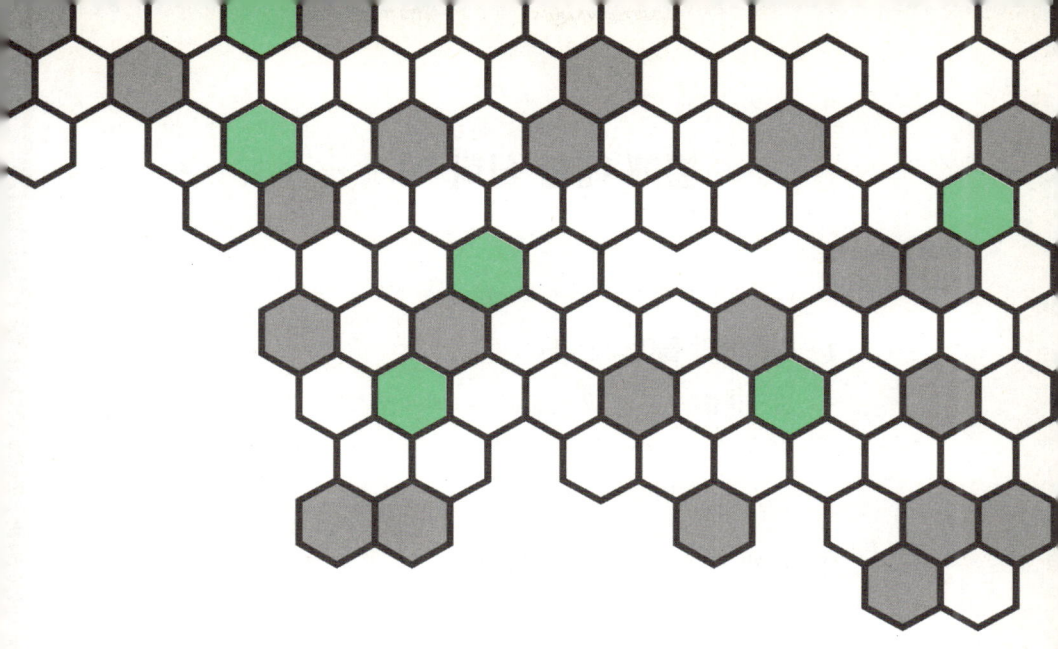

벌은 꿀만 공급해 주는 게 아니에요. 벌은 인간이 먹는 모든 작물의 84퍼센트를 비롯해 이 세상에서 꽃이 피는 식물 대부분의 수분*을 담당해요. 식물은 수분이 이루어지지 않으면 과실을 맺지 못해요. 그러니까 벌과 기타 곤충들이 없으면 초콜릿도, 포도도, 딸기도, 400가지가 넘는 맛있는 음식들도 존재할 수가 없죠. 방울양배추도 존재할 수 없겠지만 거기에 대해선 굳이 이야기하지 않도록 할게요.

벌이 하는 일은 세계 경제에 195조 원 이상의 가치가 있는데, 벌들은 그 일을 공짜로 해 줘요! 벌에게 의지하는 종은 인간만이 아니랍니다. 벌의 부지런한 활동은 전 세계 모든 생태계를 든든하게 받쳐 주고 있어요. 그런데 무섭게도 야생벌의 숫자가 빠르게 줄고 있어요. 유럽에서는 거의 10개 중 1개에 달하는 벌의 종이 서식지 감소, 기후 변화, 살충제와 병 때문에 멸종에 직면했어요.

벌에 대한 신화 깨기

1   여름에만 돌아다닌다?

벌은 종류가 2만 5천 가지인데, 이 중에서 많은 종이 1년 내내 활발하게 움직여요. 즉 여러분은 1년 중 언제든지 벌들을 도울 수 있다는 뜻이죠.

2   크게 무리를 지어 살아간다?

대부분의 꿀벌들은 독방에 살아요. 스스로 보금자리를 만드는데, 땅에 있는 구멍을 보금자리로 삼을 때가 많아요. 흙이 드러난 땅을 조금씩 남겨 두거나 벌레 호텔을 지어 주면 벌이 보금자리를 구하는 데 도움이 될 거예요.

3   어수선한 정원만 좋아한다?

여러분이 정원을 야생화가 만발한 작은 목초지(78~79쪽 참고)로 만들면 벌이 아주 좋아하겠지만, 꼭 그렇지않더라도 벌은 꽃을 피우는 여러 식물에서 꿀과 꽃가루를 얻는답니다. 벌들은 같은 꽃이 몰려 피어 있는 넓은 지역을 아주 좋아해요. 라벤더, 헤더, 댕강나무, 마호니아, 꽃이 핀 나무, 포도송이 같은 꽃이 달린 나무, 인동덩굴이나 담쟁이덩굴 같은 덩굴성 식물들은 1년 내내 여러분의 마당으로 벌들을 불러들일 거예요. 벌들은 텃밭에 핀 꽃을 헤집고 다니는 것도 좋아해요. 그러면서 여러분들을 위해 수분도 해 주죠! 다른 모든 게 잘 안됐을 경우엔 그냥 몇 가지 풀이 길게 자라도록 내버려둬요. 클로버와 민들레도 없애려고 하지 말고 잘 자라게 해 주고요.

4 꿀과 꽃가루만 필요하다?

벌에게는 물도 필요해요. 새를 위한 물통이나 작은 연못이 있으면 벌을 여러분의 정원으로 불러들이는 데 도움이 될 거예요.

5 쏘는 걸 좋아한다?

암벌에는 대부분 침이 있지만, 혼자 다니는 벌은 전혀 공격적이지 않아요. 여러분이 조심하기만 하면 호박벌을 쓰다듬는 것도 가능해요! 하지만 절대 보금자리를 어지럽혀서는 안 돼요. 보금자리를 어지럽히면 벌들이 사나워질 거예요.

예술 활동가 되기

예술 작품을 통해 다른 사람들의 실천을 자극할 수 있을까요?

지구 계량기

지구를 지키는 데 중요한 역할을 하는 건 과학자들뿐만이 아니에요. 예술가들도 변화를 자극하는 데 그만큼 도움이 될 수 있어요. 독성이 있는 폐기물 그림에서부터 메뚜기 버거, 에펠탑 아래 웅크리고 있는 재활용 종이로 만든 1,600마리의 판다 인형(정말이에요! 지난 2008년 파리 에펠탑 앞에 환경에 대한 메시지를 전달하기 위해 설치되었어요)에 이르기까지 예술은 사람들에게 우리 지구가 직면하고 있는 문제에 관심을 기울이게 만드는 힘이 있어요.

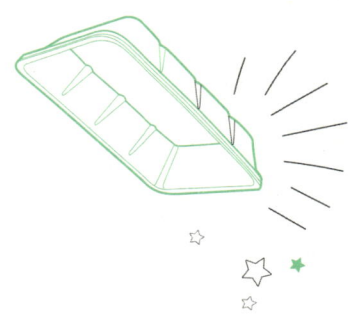

전문적인 예술가만 참여할 수 있는 건 아니에요. 영국 출신의 어떤 남자는 1년 동안 자신이 사용한 모든 비닐 포장지를 모아서 그걸 가지고 거대한 벽화를 만들었어요. 이 남자는 사람들의 포장지 사용량을 줄이게 하려고 이 벽화를 가지고 전국을 돌아다녔어요.

여러분은 이런 시도를
해 볼 수 있어요.

☆ 여러분의 가족이 사용한 우유병을 전부 모아 두었다가 거대한 플라스틱 새 떼를 만들어요.

☆ 남은 유화 페인트를 하수도에 흘려보내는 대신 벽화를 그려요(일단 허가를 받고 나서!).

☆ 플라스틱병의 뚜껑을 모아서 거대한 콜라주를 만들어요.

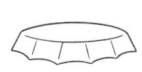  

여러분이 다니는 학교에 참여를 유도하면, 훨씬 영향력이 큰 무언가를 만들어 낼 수 있을 거예요. 그다음에는 지역 신문사에 여러분의 작품을 보도해 달라고 요청해서 이 소식을 멀리 퍼뜨리세요.

차로 등하교는 이제 그만

너무 서두르지 말아요! 여러분의 교복을 기부하고 공책을 재활용하기 전까지 아직은 학교에 다닐 날이 많이 남았으니까요. 그동안 여러분은 더 나은 등교 방법을 찾아야 해요.

지구 계량기

큰 노력을 하지 않아도 돈을 아끼고 더 건강해질 수 있어요. 쉬운 말처럼 들리나요? 하지만 걸어서 학교에 다니는 친구들은 사실 줄어들고 있어요!

영국에서 가장 가까운 나라 중 하나인 네덜란드에서는 어린이의 약 49퍼센트가 자전거를 타고 학교에 다녀요. 영국에선 겨우 1~3퍼센트밖에 되지 않죠. 워낙 많은 이동이 자동차로 이루어지다 보니, 등하교 자체로 상당한 탄소 발자국을 남겨요. 1년에 이산화 탄소 2백만 톤이나 된답니다.

교문까지 1.5킬로미터도 안 되는 거리를 차를 타고 가는 어린이가 3분의 1이에요. 여러분도 그중 한 명인가요? 만일 그렇다면 이 습관을 바꾸기만 해도 큰 변화를 만들 수 있어요. 지구뿐만 아니라 여러분의 미래도 바뀌는 거예요. 학교까지 걷거나 자전거나 킥보드를 타거나 스케이트를 타면 집중력이 높아져 공부에도 도움이 돼요. 몸을 많이 움직이는 어린이는 자동차를 타고 학교에 오는 어린이보다 시험 점수도 훨씬 좋아요. 믿기지 않는다고요?

걸어서 등하교를 하면 평균적으로 한 가정이 1년에 약 60만 원 정도나 절약할 수 있어요!

다른 가족들도 참여시키세요. 그러면 모든 사람이 더 안전하게 걸을 수 있어요. 학교에 제안해서 도보 등하교 모임, '한 주에 한 번 걷기' 행사를 만들어 봐요. 학교 근처 주차장에 부모님의 차를 놓고, 학교까지 도보로 걷는 계획도 준비해 보세요.

**영국에서 매일 아침
도로 위를 다니는 자동차의 5대 중 1대가
어린이를 태우고 학교에 가고 있어요.**

라벨 읽기 (그리고 열대 우림 구하기)

고기와 유제품을 먹으면 지구의 자원이 가장 빨리 사라져요(10~14쪽 참고). 하지만 식물이라고 해서 무조건 안전하지는 않아요.

과자를 먹을 때 식품 라벨을 얼마나 자주 살펴보나요? 식품 라벨 읽기는 지구상에서 열대 우림을 사라지게 만드는 생태 악당들을 잡을 수 있는 유일한 방법이에요.

> **팜오일**은 모든 포장 식품의 거의 절반 가까이에서 볼 수 있어요. 엄청나게 큰 열대 우림이 팜오일을 채취할 수 있는 기름야자나무를 심기 위해 불태워지고 있어요. 전 세계 대부분의 팜오일을 생산하는 말레이시아와 인도네시아에서는 열대 우림에서 서식하는 희귀종들의 서식지가 점점 줄어들고 있고요. 오랑우탄 같은 토착 동물들은 멸종 위기예요. 하지만 여러분이 모든 걸 원재료 상태부터 조리하지 않는 이상 팜오일을 피하기는 힘들어요. 여러분이 가게에서 훌륭한 음식을 고르고 있다면 알 에스 피 오(RSPO)* 인증을 받은 제품을 찾아보세요. 그 음식에 들어 있는 팜오일은 환경을 보호하며 팜오일을 생산하는, 안정적이고 지속가능한 공급자에 의해 만들어졌다는 뜻이거든요.

지구 계량기

코코아 역시 열대 우림을 망치는 작물이에요. 이 세상 대부분의 코코아는 서아프리카에서 생산돼요. 일부 '보호' 지역마저 땅의 90퍼센트가 코코아 농장으로 바뀌었답니다. 코트디부아르에는 한때 코끼리가 수십만 마리 있었지만 이제는 겨우 200~400마리밖에 남아 있지 않아요. 하지만 더 이상의 산림 파괴를 막을 수는 있어요. 코코아나무는 숲을 베어 내지 않고도 더 큰 나무 그늘에서도 키울 수 있거든요. 초콜릿 바를 고를 때는 작은 녹색 개구리*를 찾아보세요. 이건 열대 우림이 허락한 작물이라는 뜻이거든요.

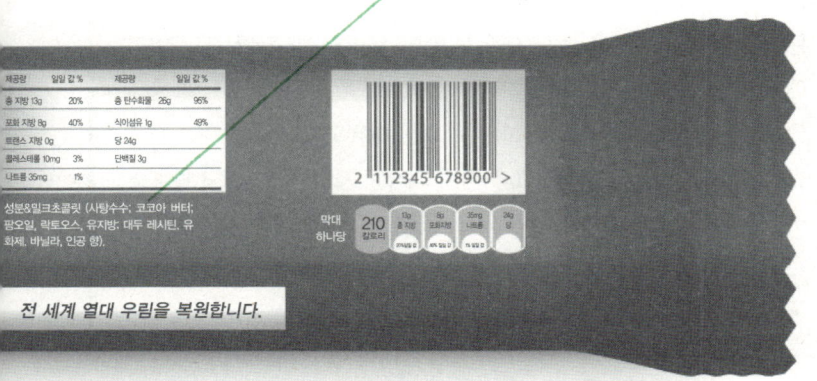

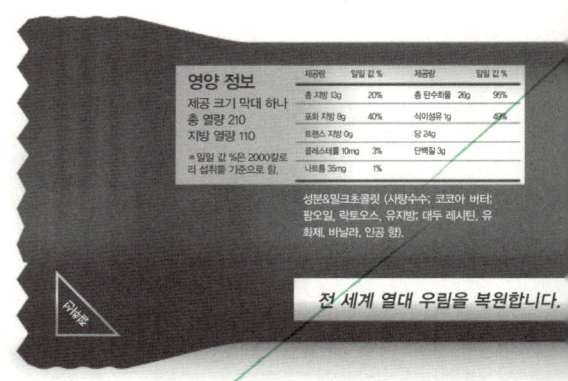

대두는 단백질과 식물성 기름, 가공식품을 오래 버티게 해 주는 물질을 저렴하게 공급하는 식품이에요. 빵에서 초콜릿까지 슈퍼마켓에서 파는 식품의 약 70퍼센트 안에 대두가 '숨어' 있어요. 패스트푸드 체인점에서도 많이 쓰이죠. 이 세상 대부분의 콩 작물은 가축 사료로 사용돼요. 이건 육류 소비를 줄여야 하는 또 다른 이유이기도 해요. (10~14쪽 참고) 아무리 간장을 싫어하고 풋콩을 피하는 사람이라 해도 매년 '숨어' 있는 콩을 60킬로그램 가량 먹고 있을 수 있어요. 식품 제조업체들이 대두를 워낙 많이 사용하다 보니 남아메리카의 열대 우림들이 급속도로 대두 농장으로 바뀌고 있어요.

사탕수수는 100여 곳이 넘는 나라에서 재배되고 있어요. 결과물은 달콤할지 모르지만 그걸 만드는 과정은 그렇지 않아요. 사탕수수를 재배하기 위해 열대 우림을 밀어 버린 지 한참이 지난 뒤에도 근처의 땅과 물길들은 화학 물질과 폐기물로 오염되어 있어요. 달콤함과는 영 딴판이죠. 사실 여러분의 입 안에 쓴맛이 돌기 충분한 상황이에요.

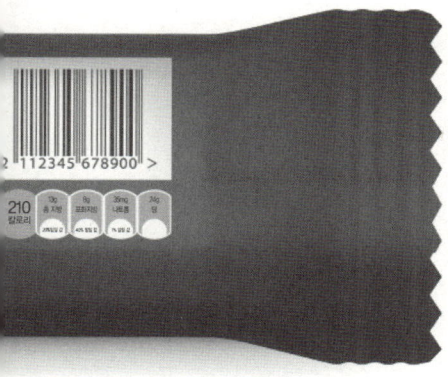

남아메리카의 아마존 열대 우림에서는
4초마다 나무 80그루가 잘려 나가요.
이 중에서 64그루는 농장을 만들기 위해 사라지는 거예요.

보물찾기

나침반도, 지도도, 삽도 필요 없어요. 스마트폰이 있는 가족 한 명만 있으면 돼요.

스마트폰을 가진 가족의 관심 끌기에 성공했다면 공짜 지오캐싱 앱을 다운받아 달라고 부탁하세요(geocaching.com 참고). 지오캐싱은 전 세계 사람들이 숨겨 놓은 작은 보물들을 말해요. 공식 웹 사이트에 로그인하면 누구든 지피에스(GPS)를 이용해서 보물을 추적할 수 있어요.

지구 계량기

지오캐싱은 중독성이 있고, 여러분의 집 근처를 탐험할 수 있는 훌륭한 방법이에요. 은닉 장소나 단서를 잘 들여다보면 야생 동물도 더 많이 발견할 수 있을 거예요.

어떤 장소는 실제 보물이 들어갈 수 있을 정도로 커요. 보물 하나 찾아내면 여러분도 하나 남겨 놓은 뒤에 그 보물을 가져올 수 있어요. 파티장에서 받은 플라스틱 선물들을 쓰레기 매립장에 보내는 대신 재사용할 수 있는 재미난 방법이 될 수 있죠.

항상 어른 한 명을 데리고 가서 162쪽에 있는 조언을 따르도록 해요. 보물찾기를 하며 걸어 다니다가 야생 동물에게 피해를 주지 않도록 말이에요. '보물은 안으로, 쓰레기는 밖으로!' 프로젝트에 참여해서 여러분이 다니는 길을 깔끔하게 정돈할 수도 있어요. 창의성을 발휘해서 여러분이 직접 보물을 숨기기로 결심했다면, 환경에 피해를 주지 않도록 지오캐싱 닷 컴(geocaching.com)에 있는 조언을 따르도록 해요.

게임은 이제 그만

만약 이 책이 비디오 게임이라면,
이 페이지가 가장 어려운 단계일 거예요.
도전할 준비가 되었나요?

지구 계량기

나쁜 소식 먼저. 여러분 중 91퍼센트가 비디오 게임을
규칙적으로 하고, 여러분이 갖고 노는 게임기는 에너지를
먹어 치우고 싶어 해요. 유럽 연합에서 일반적인 게임을
하나 다운받아서 플레이할 경우, 대기로 배출되는 이산화 탄소의 양은
7.91킬로그램에 이를 수도 있대요. 이건 사실 가게에서 디스크로 된
게임을 하나 사는 것보다도 탄소 발자국이 몇 배는 더 많은 거예요.

이젠… 사실 나쁜 소식밖에 없어요.
이 책에 나오는 대부분의 조언은 똑같은 일을 할 수 있는
다른 방법들을 말해줘요.
하지만 비디오 게임에서 변화를 일으킬 수 있는 유일한 방법은
다운을 적게 받고 게임을 적게 하는 것뿐이에요.

전화기나 태블릿으로 게임을 하는 건 어떨까요?
태블릿은 게임기나 노트북, 컴퓨터보다는 에너지를 적게 사용하고,
종이로 하는 일들을 대체할 수 있는 좋은 수단이 될 수 있어요
(84~87쪽 참고). 하지만 새로운 콘텐츠를
다운받으면 그 영향은 여전히 크죠. 여러분이 게임을
다운받을 때마다 에너지를 먹어 치우는 '서버 농장'과 심지어는
우주 위성과 연결된 데이터 저장 네트워크와
거대한 통신 장비들을 이용하게 되거든요!

미국에서는 게임기가 매년 약 160억 킬로와트의 전기를 사용하는 것으로 추정되고 있어요.
140만 명이 사는 도시에서 사용하는 전기와 같은 양이죠.

지구를 희생시키지 않고 게임 하는 최고의 방법

5. 게임을 다 하고 나면 스위치를 꺼요.

4. 외출을 하거나 잠든 동안 다운로드를 하지 마세요.

3. 전기 사용량이 많지 않은 시간에 게임을 다운받아요(81~83쪽 참고).

2. 가능하다면 장치가 대기 모드일 때 게임을 다운받아요.

1. 정말로 갖고 싶은 게임인지 신중하게 생각하고, 값싼 일회용품이라는 생각을 하지 않도록 노력해요.

전 세계에서 만들어지는
전기의 10퍼센트 이상이
정보 통신 기술에 의해 소비된답니다.

녹색 반려동물 얻기

걱정 말아요. 여러분의 가장 좋은 털북숭이 친구를 메뚜기나 개구리, 악어로 바꿔야 한다는 말이 아니에요.

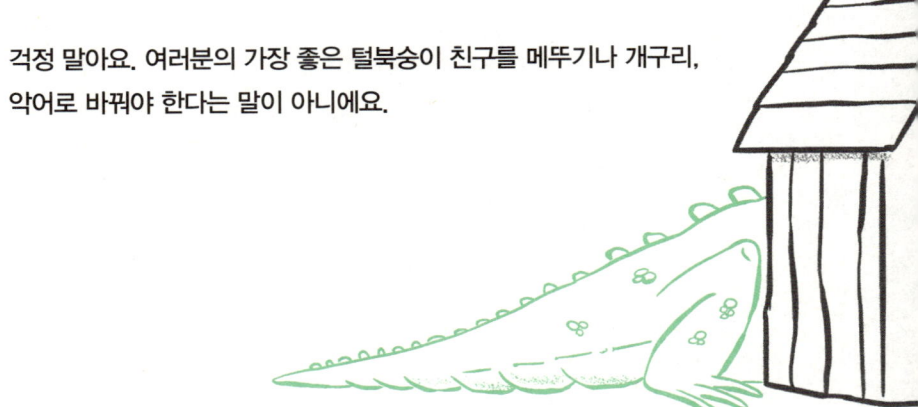

반려동물의 탄소 발자국을 줄이기 위한 실천에 대한 거예요. 그럼 탄소 발자국은 얼마나 클까요? 그 답은 로스앤젤레스 캘리포니아대학교의 한 지리학과 교수님이 풀이해 놓은 아래의 계산식에 있어요.

긴장하지 말아요. 수학 공부를 할 필요는 없어요. 이 교수님이 이미 여러분들을 위해 다 해 놓았답니다!

$$F_A = \frac{E^a_{Dog}}{E^a_{Dog} + E^a_{Cat}} \left(P_{Dog,P} \frac{1}{M_{Dog,P}} \sum\nolimits_{Dog,P} F^m_A + P_{Dog,N} \frac{1}{M_{Dog,N}} \sum\nolimits_{Dog,N} F^m_A \right)$$

지구 계량기

반려동물의 사료가 지구에 미치는 영향을 계산해 봤더니 왕거미보다 더 무서운 결과가 나왔어요. 미국에 있는 1억 6천3백만 마리의 개와 고양이로 새로운 나라를 하나 만든다면, 이 세상에서 육식을 가장 많이 하는 다섯 번째 나라가 될 거라는 거예요! 육류 생산은 지구에 엄청난 스트레스를 안기고(10~14쪽 참고), 육식 중심의 식습관 때문에 반려동물들은 1천3백6십만 대의 자동차와 똑같은 양의 탄소 발자국을 남기게 돼요.

$$+ \frac{E^a_{Cat}}{E^a_{Dog} + E^a_{Cat}} \left(P_{Cat,P} \frac{1}{M_{Cat,P}} \sum_{Cat,P} F^m_A + P_{Cat,N} \frac{1}{M_{Cat,N}} \sum_{Cat,N} F^m_A \right),$$

반려견과 고양이는 육식 동물이다 보니 전 세계의 야생 조류와 동물에게 큰 위협이 되기도 해요. 미국에서는 고양이가 매년 14억 마리의 새와 223억 마리의 포유동물을 잡아서 죽인답니다.

물론 반려동물이 주는 좋은 점도 아주 많아요. 좋은 친구가 되어 주고, 밖에 나가서 산책하는 데 도움도 되고, 동물에게 친절해지는 법도 가르쳐 주니까요. 하지만 반려동물 혼자서는 자기들이 환경에 미치는 영향을 바꾸지 못해요. 그러니까 반려동물을 돕는 일은 여러분에게 달린 거죠. 만일 여러분이 이미 개나 고양이와 함께 살고 있다면 친환경 사료를 찾아보고, 소고기와 물고기로 만들어진 사료를 피하는 방식으로 반려동물의 탄소 발자국을 줄일 수 있어요. 외출할 때는 개를 앞장세우고, 고양이의 목에 방울이나 음파 탐지기를 달아서 이 친구들이 야생 동물을 사냥하기 어렵게 만들도록 해요.

새로운 반려동물을 집에 들일 생각을 하고 있다면 설치류나 물고기, 닭이 더 친환경적인 선택이에요. 닭은 주방에서 나오는 과일과 채소 부스러기를 먹고 난 뒤에 그걸 여러분이 먹을 수 있는 달걀로 바꿔 줘요. 그리고 퇴비 더미보다 **훨씬** 귀엽죠!

지구상에는 9억 8천7백만 마리의 개와
7억 5천2백만 마리의 고양이가
반려동물로 지내고 있어요.

천천히 먹기

패스트푸드 줄이기는
지구를 지키는 지름길이에요.

지구 계량기

패스트푸드는 다양한 방식으로 지구를 빠르게 괴롭혀요.
한 끼 먹을 패스트푸드를 사려고 차를 타고 가는 일도 많죠.
그리고 여러분이 주문하는 모든 품목은 빨대가 끼워진
컵에서부터 비닐로 된 작은 소스 용기에 이르기까지
자체적인 포장이 되어 있어요.
어떤 인기 많은 패스트푸드 체인점은 전 세계에 매장이
3만 7천 개가 있는데, 이 중에서 재활용을 조금이라도 하는 곳은
10퍼센트밖에 안 된대요.

한 회사는 발포 폴리스티렌 용기를 사용하지 않겠다고 말했지만 지금 당장이 아니라 몇 년 뒤부터 그렇게 하겠대요. 여러분이 방 정리를 몇 년 뒤에 하겠다고 한다면 사람들이 어떻게 생각할까요!

패스트푸드 매장들이 지금 당장 지구를 지킬 수 없다 해도, 최소한 여러분은 할 수 있어요. 다음에 여러분이 맛있는 음식을 먹고 싶을 때 집에서 제일 좋아하는 패스트푸드 한 가지를 한 번 만들어 보세요. 빠르고 간단해요. 그리고 과학자들은 지구에 이로운 음식은 여러분에게도 이로울 거라고 이야기해요.

극장에서
나초를 먹는 대신에…

어른에게 부탁해서 아무것도 들어가지 않은 밀가루 부침 몇 장을 만들어 먹기 좋은 크기로 잘라요. 그다음 구이 전용 팬에 올리고 어른에게 부탁해서 적당히 뜨거운 오븐에서 10분간 구워요. 그리고 좋아하는 재료를 그 위에 얹어요.

프라이드치킨을 사러 나가는 대신에…

어른에게 부탁해서 닭가슴살이나 다리살을 먹기 좋은 크기로 잘라요. 닭고기를 달걀 물에 한 번 적셨다가 밀가루를 묻힌 뒤, 소금, 후추, 파프리카 가루를 섞은 빵가루에 묻혀요. 어른에게 부탁해서 준비된 닭고기를 뜨거운 오븐 속에 20~25분간 넣고 노릇하게 속까지 익혀요. 소스에 찍어 먹거나 햄버거 빵에 끼워 먹어요.

감자튀김 대신에…

어른에게 부탁해서 단호박이나 고구마를 웨지 감자 모양으로 잘라요(껍질을 벗길 필요는 없어요. 그냥 문질러서 씻기만 하세요). 준비된 재료를 구이 전용 팬에 올리고 식용유, 소금, 후추를 그 위에 뿌려요. 어른에게 부탁해서 준비된 재료를 뜨거운 오븐에 20분 정도 넣고, 음식이 부드럽고 달콤하고 끝내주게 맛있어질 때까지 기다리세요!

피자를 주문하는 대신에…

여러분만의 피자를 만들어 봐요! 효모를 넣지 않은 반죽을 쓰면 정말 쉬워요. 베이킹파우더가 들어있는 밀가루 세 컵, 물 한 컵, 작은 숟가락으로 식용유 두 숟가락, 소금 약간을 큰 그릇에 넣고 손으로 아주 잘 섞어 주세요. 말랑한 반죽이 완성되면 네 개의 공 모양으로 만들어요. 공을 밀어서 평평한 원(아니면 타원. 완벽한 모양이 나와야 할 필요는 없어요)으로 만든 뒤, 여러분이 좋아하는 재료를 올려요. 그런 다음에 어른에게 부탁해서 10분 동안 뜨거운 오븐 속에 넣고 껍질이 노릇해질 때까지 기다리세요. 남은 반죽은 이삼 일 정도 냉장고에 보관해도 괜찮아요.

팝콘을 사는 대신에…

옥수수 알갱이를 냄비에 한 층 까세요(많아 보이지 않아도 냄비는 곧 팝콘으로 가득 차게 될 거예요). 해바라기씨유를 작은 숟가락으로 한 숟가락 넣고 저어요. 그다음에 어른에게 부탁해서 냄비에 뚜껑을 덮고 중불로 가열해요. 뻥 하고 터지는 소리가 들리기 시작하면 냄비를 한 번씩 흔들어 주세요. 뻥 하는 소리가 더 이상 들리지 않으면, 식힌 뒤 소금을 조금 뿌리고 맛있게 먹어요.

과자 봉지와 패스트푸드 포장재는
전 세계에서 버려지는 쓰레기의
약 40퍼센트를 차지해요.

친환경적인 방법으로 몸 씻기

지구 계량기

이미 여러분이 샤워를 짧게 마치고 있다면(23쪽 참고) 그보다 더 친환경적인 샤워법을 찾아보도록 해요.

아무리 작은 일이라 해도 환경에는 커다란 영향을 미쳐요. 물비누를 쓰는지 고체 비누를 쓰는지까지도요. 물비누는 만드는 데 에너지가 더 많이 들고 플라스틱 포장도 더 많이 써요. 물도 많이 들어가기 때문에 운반할 때 더 무겁기도 하죠. 정량만 나오도록 설계된 용기가 있어도 사람들은 물비누를 필요 이상으로 많이 쓰기 때문에 폐기물도 더 많이 생기죠.

물비누와 샤워 젤을 팜오일이 들어 있지 않은(180쪽 참고) 종이로 포장된 고체 비누로 바꾸세요. 쓰레기를 줄이기 위해 거의 다 쓴 비누 조각을 모아 두세요. 이 작은 비누 조각을 작게 잘라서 (뜨겁지 않은) 따뜻한 물을 조금 추가하면 비누가 물렁해져요. 이 물렁해진 비누를 틀(유연성이 있는 플라스틱 재질이면 뭐든 상관없어요)에 넣고 이삼일 정도 놔두면 새로운 비누가 탄생해요.

물비누

VS

고체 비누

이 책을 없애기

쓰레기통에 넣으라는 말이 아니에요!
기억하세요.

이 책은 쓰레기가 아니에요.

이 책은 독자들에게 주변 환경과 지구 환경을 개선할 수 있는 지식을 전해 주는 책이에요. 감자칩을 더 많이 먹어야 하는 훌륭한 이유를 알려 주는 건 말할 것도 없고요. 그런데 이 책이 여러분의 책장에 처박혀 있으면 이 일을 할 수가 없어요. 그러니까 여러분이 여기에 나온 모든 제안들을 실천에 옮기고 나면, 이 책을 다른 사람에게 넘겨서 메시지를 퍼뜨리세요.

친구나 가족, 이웃에게 줘도 좋고 학교 도서관에 기부해도 좋아요. 프로젝트를 구상하는 데 도움이 되도록 여러분의 선생님이나 교장 선생님에게 드려도 좋겠네요. 아니면 지역 정치인에게 이 책을 선물하면서 지구를 지키기 위해 어떤 일을 하고 있는지 물어보는 건 어떨까요?

지구 계량기

이 지구는
여러분의 것이고
지구에게는 그 안에 사는 모든 친구들의
도움이 필요하거든요.

용어 설명

굽도리널 벽과 바닥 사이 연결 부위를 덮기 위한 나무(130).

녹색 개구리 열대우림협회(Rainforest Alliance) 인증 마크(181).

담수 강이나 호수 따위와 같이 염분이 없는 물(93).

룸 밴드 여러 가지 색을 지닌 고무를 이용해 만드는 팔찌(56).

미세 플라스틱 크기 5밀리미터 이하의 작은 플라스틱. 해양 오염의 원인이 된다(27, 37, 38).

미소환경 미생물·곤충 등의 서식에 적합한 곳(103).

바이오매스 식물이나 동물 같은 생명체나 그 부산물에서 얻는 에너지(81).

배기가스 자동차 등의 기계에서 연료가 연소된 후 밖으로 나오는 기체(136).

빈백 폴리우레탄으로 된 원단 안에 작은 충전재를 채워 넣어 신축성이 좋고 푹신한 의자. 형태가 고정적이지 않아 사람이 앉는 자세에 따라 자유자재로 변형된다(146).

사물 인터넷 사물에 센서와 프로세서를 장착하여 정보를 수집하고 제어·관리할 수 있도록 인터넷으로 연결되어 있는 시스템(82).

생분해 어떤 물질이 생명체에 의해 두 가지 이상의 더 간단한 물질로 변화하는 일(37, 55, 162).

수분 종자식물에서 수술의 꽃가루가 암술머리에 옮겨 붙는 일. 바람, 곤충, 새, 또는 사람의 손에 의해 이루어진다(169, 170).

알 에스 피 오(RSPO) 팜오일 생산으로 인한 환경 파괴를 막기 위해 설립된 단체(180).

업사이클링 재활용품에 디자인 또는 활용도를 더해 재탄생시키는 것(146,147, 148).

여과 섭식 생물이 물을 흘러들어 오게 하여 먹이를 걸러 먹는 일(134).

온실 효과 공기 중의 수증기, 이산화 탄소 등이 지구 밖으로 나가는 열을 흡수하여 지구의 온도를 높게 유지하는 작용(43).

온실가스 지구 대기를 오염시켜 온실 효과를 일으키는 가스를 통틀어 이르는 말. 이산화 탄소, 메탄 따위의 가스를 말한다(11, 18, 22, 81, 99, 118, 136).

우드펠릿 오염되지 않은 목재로 만든 청정 나무 원료(61).

적색 목록 2~5년마다 발표하는 멸종 위기에 처한 동식물 보고서(160, 163).

탄산칼슘 탄산 석회라고도 하며, 분필의 성분이기도 하다(106).

탄소 발자국 사람이 활동하거나 상품을 생산·소비하는 과정에서 직간접적으로 발생하는 이산화 탄소의 총량(12, 84, 118, 123, 126, 146, 176, 188, 192, 193, 194).

플라스틱 필름 플라스틱으로 만든, 두께 0.1밀리미터 미만의 얇은 막(70).

피젯 스피너 중앙의 베어링을 축으로 하여 이것에 이어진 몇 개의 날개로 구성된 납작한 모양의 장난감. 베어링 부분을 손가락으로 잡고 날개를 회전시키며 논다(56).

혹병 식물의 줄기나 땅속줄기 따위의 표면에 불규칙하게 혹이 나오거나 궤양을 일으키는 병(103).

홈통 물이 흐르거나 타고 내리도록 만든 물건(95).

화석 연료 지질 시대에 생물이 땅속에 묻히어 화석같이 굳어져 오늘날 연료로 이용하는 물질. 석탄 따위가 이에 속한다(11, 43, 81, 140).